「ふつう」の私たちが、誰かの人権を奪うとき

声なき声に耳を傾ける30の物語

チェ・ウンスク

金みんじょん 訳

어떤 호소의 말들

인권위 조사관이 만난 사건 너머의 이야기

최은숙

平凡社

「ふつう」の私たちが、誰かの人権を奪うとき

声なき声に耳を傾ける30の物語

Originally published in Korea by Changbi Publishers, Inc.

Japanese edition is published by arrangement with Changbi Publishers, Inc. through CUON Inc.

This book is published with the support of the Literature Translation Institute of Korea (LTI Korea).
本書は韓国文学翻訳院（LTI Korea）の支援を受けて出版されました。

プロローグ

私たちは少し悲しくて愛おしい存在

誰でも一度は悔しくて死にそうと思ったことがあるだろう。数日間眠れず、寝ても悪夢に苛まれ、胃腸炎をぶり返し、十年以上やめていた煙草に再び手を伸ばし、暴飲暴食の日々を送った経験のことだ。ある日、ネットで「悔しい」を検索してみたら、人々は様々な理由から自身の悔しさを訴えていた。あるエピソードには、それに共感する数千数百のコメントがついていた。悔しい気持ちは不公平だ、不当だと思ったときにより増大する。長きにわたる努力や犠牲が無駄になったとき、ミスや間違いに引き合わない過度な処罰を受けたとき、誰でも悔しさを感じ憤りを覚える。ある悔しさは数日寝付けなかったくらいでさっと解消されたりするが、ある悔しさは一人の人生を終わらせることもある。

国家人権委員会（以下、人権委）（二〇〇一年に設立された韓国の人権機関。三権から独立し、政府による人権侵害や差別に関する申し立てを受け、事件を調査して勧告を行う）の調査官（人権委の職員で人権侵害行為、差別行為などを調査し、改善する役割を担う）として働きながら、言葉では表せないほどの悔しさを抱えた人々に出会った。それぞれの事情を抱えている人々が人権委を訪ねてきて、自分の悔しさを訴える。そういう人々の心に寄り添い、法と制度に「人権の爪痕」を刻むことが調査官の使命だと信じていた。陳情人（陳情請求人。人権委に陳情書を提出した人を指す。法律用語ではないが、個人的に公共機関などに公式、または非公式に自身の意思を伝えた人の総称）に会い、現場に行き、報告書を書いているうちに、二十年があっという間に過ぎていった。ありがたいことに幸せな日々も多かったが、その一方で常に少しは不安を感じていたと思う。人権の爪痕を刻むどころか、悔しさを感じている人の傷口をさらに広げてしまうのではないかという心配があったからだ。

　人々は切実な思いで陳情書を持ってやってくるが、国家人権委員会法（以下、人権委法）が定めた調査の範疇と対象は、そのすべての心に寄り添うにはあまりにも狭く、助けを求める人に証拠を要求し、法律の限界を説明することが、毎回心苦しかった。調査結果の報告書を何度も書いては消し、誰かの苦痛や悔しさを行政文書であらわすことが本当に可能なのかと疑ったこともあった。調査官として経験を重ねるにつれて、報告書に書けなかった事情もだんだん増え、心の隅にどんどん積まれていった。

　調査官は普通、一年に百から二百件くらいの事件を処理する。しかし、調査官のキャビネットは常にいろんな事情を抱えた事件で破裂しそうだ。単純に見えるものごとも実際に当事者にとっての経緯や理由を聞けば、どれも複雑で難しい。そもそもたいしたことでなかったなら、国家機関に訴えることもなかったはずだ。家に帰る前にそれぞれの事情が盛り込まれた事件の記録をキャビネットにひとつずつ入れながら、こんなふうにお願いする。「一晩ここで休みなさい。私についてくるのは反則よ」。しかし私の事件たちはフェアプレーというものを知らないのか、試合終了と関係なく、いつもどこにでもついてきて質問を繰り返した。「これ、人権侵害ですよね？　人権委が助けてくれなかったら、私たちはどこに行けばいいんですか」。

調査官になる前、市民団体でやっていた仕事も似ていた。鐘閣《チョンガク》駅にあるソウルＹＭＣＡ市民中継室の狭い事務室には、一縷の望みにかける思いでやってくる人々が絶えなかった。一筋の光も入らないあの事務室でびっくりするくらいたくさんの人々に出会った。医療事故で子どもを失った夫婦、リヤカーを奪われた露天商、家の保証金をだまし取られた借主、ねずみ講に引っかかった大学生、冤罪だと無実を訴える人々……。その誰もが憤りや苦しい気持ちを背負って私たちのところにやってきた。

「悔しいです。助けてください」

そういう訴えを毎日聞きながら暮らすことになるとは思わなかった。悔しいと聞かされるたび、「私にもよくわかりません」「なんで私に聞くんですか」という言葉がつい漏れそうだった。つらくて逃げたくなることもあった、私のやり方のせいであなたの人生がもっと悪くなるかもしれない。そう思うと、怖くてたまらないと告白したかったが、調査官の私はそうは言えなかった。できる限り、淡々とした顔でプロらしく、感情を自制できるような人間を装った。結果がどうであれ、あなたの訴えに意味がないわけではないとそっとつぶやいた。しかし、振り返ってみると誰かの悔しさをきちんと解消してあげた事例は、本当に、片手で数えられるほど微々たるものだった。法と制度の限界や個人的な無能も原因だったが、合理的な救済方法がなかったり、間違った選択によって問題解決の適期を逃してしまったりした場合も多かった。ものごとは時間が過ぎれば過ぎるほど複雑に絡み合い、加速度的に悪化するため、ブレーキの壊れた自動車のようにどこかに追突しないと止まれなくなる。

ある事件は驚くほど小さなトラブルから始まった。田舎の家に生えていたかぼちゃの蔓が隣の家まで伸びたために始まった言い争いが告訴と民願（住民が行政機関に対し特定の手続きを要求すること）にまで発展し、最終的には虚偽告訴罪による拘束という結果で終わったこともあった。間違った法律のせいで罪のない子どもたちが親の借金（サラ金）を負債として相続しなければならなかった。名前を盗用されたのに気の毒にも逮捕され、虚偽自白を強要されるという信じられないケースもあった。お店で缶詰二つを盗んだという理由で一年以上、獄中生活を送った例も見た。お金がないとの理由で、学ぶことができなかったという理由で、移民労働者だから、障害者だから、非正規職だからなど、立場の弱い人の場合、軽い罰金刑で済むはずの事件に懲役刑が下されたり、つらい被害を受けたのに謝罪一つ受けられなかったりするケースも、やはりよくあることだった。悔しさが悔しさを生む悪循環が続いていた。

悔しさを生むできごとは、されるときも差別的だが、問題解決の過程でも差別が生じた。自分の言葉で悔しい理由を説明できない人にとって警察や検察または民願処理機関で使用される用語は、異界の、聞きなれない言語でしかなかった。人権委でも法律に照らし合わせて調査対象に該当しない場合、「却下」をすることになっているが、この「却下」という単語一つを理解するにもかなりの努力が必要な人は意外と多かった。

弁護人を雇う財力も人脈もない人々は、悔しさを訴えることさえ難しいと感じるようだった。私も口を開けば人権を語るが、「弱者らしく」静かで従順に、言うことを聞いて感謝する陳情人を優遇したり、助けてもらっている分際で声高に権利を主張すれば「たちの悪い」陳情人とか無礼な人と分類したりもした。それにもかかわらず、これまで出会った多くの陳情人が私に対し、申し訳ない、感謝していると、言ってくれた。実際はあまり助けにならなかった時も、彼らは「問題ない」と言う。罵倒されてもいいはずなのに、ありがとうと言われるのは、助けてあげるふり、がんばっているふりをしながら、巧妙に抜け穴を掘っておいた「ベテラン」調査官の偽善が見破られずに済んだという意味かもしれない。偽善を隠すために「事件が多すぎる」と言い訳をし、よく被陳情人や法律の限界のせいにした。

こういう悪循環を断ち切ることはできないだろうか。悔しいできごとに遭遇して眠れないとき、当たり散らしたり、有名な弁護士のところに行って大金をはたいて訴訟を起こしたりする前に、国家が被害者を救済するために用意しておいた様々な制度をうまく活用してほしいと考えた。国家機関がどんなに努力をしても情報の死角はなくせないから、より多くの人々が救済の手続きを理解し、活用する方法を知っておくべきだという思いに至った。

フランスでは中等教育課程で最も重要なテーマの一つとして扱われるのが「労働権」だそうだ。法律的な権利や義務を教える以外にも、労働者として被害に遭ったとき救済措置を受ける方法や、労働組合の活動中に必要な団体交渉術をあらかじめ学べるように様々なプログラムを運用しているという。多くの人々が一生涯労働者として生きるということを考えると、労働者の権利を学校で学ぶことはどれほど妥当で当然なことだろうか。悔しい目に遭ったとき、労働者として、納税者として、市民として対応できる術を義務教育を通して学ぶことができたら、平凡な人々が暮らしていくうえでどれほど大きな助けになるだろう。

そんな気持ちで書き始めたこの本の最初のタイトルは「悔しいときに読む本」だった。ところが文章を書いているうちにだんだん「権利救済マニュアル」や「人権の教科書」になっていく気がした。そういう知識と情報を集めた本はすでに溢れるほどある。手を止めて、もう一度初めから考えてみた。悔しい思いをしなくてすむようにするためには人権に関する知識や情報も必要だが、他人の声に耳を傾ける心が重要ではないだろうか。長く悩んだ末、勇気を出した。人権調査官として働きながら出会った様々な物語と事件について、ときに呆れ、ときに悲しく、ときに知らないふりをしたかった私の心境を率直に告白することにした。法律と制度によって規定された人権ではなく、悲しく、おかしく、愛おしい、矛盾した存在である私たちの姿を通して人権を語りたかった。存在しているけれど届かない「声なき声」に小さなスピーカーを一つつなげて、この世界に静かに響きわたるようにしたかった。

調査官は事件の調査が終わると記録ファイルを作る。これまで読んだ資料や書いた記録をひとつにきちんとまとめ、紙の角を合わせ、穴を開け、黒い糸で結ぶ。ほどけないようにしっかりと糸を通して、きつく縛らなければならない。そうやって整頓し、きれいに整えた調査記録をみていると、心に余裕が出て、すっきりした気持ちになる。真夜中にシャワーを浴びてベランダに座り、アイスティーを飲んでいるときと似ている。そういう意味では、この本はまた別の事件記録だ。黒い糸の代わりに優しい気持ちで、事件の向こう側の物語を集めた、私の「愛しい記録」だ。

文章を書く間は、冬休みが終わる前に、何日もたまっていた日記を一気に書いている気分だった。その日の天気がどうだったか、どんな気持ちだったか、悲しかったか楽しかったか、古い記憶を呼び起こした。ある記憶は糸がほつれたセーターのように一本引っ張るとずるずるとほどけた。ある記憶は封印された蓋を無理やり開けなければならなかった。

長い間、心に潜んでいたイメージが口を開き、私に語りかけるのを待ち、そのイメージをたどりながら、出会った物語を紡いだ。たまっていた日記を書き終え、日記帳を閉じるとすっきりした気持ちになった。もちろん、その次にしなければならない本当の宿題が乱雑に広がる机にすぐさま向き合わなければならなかったが。

レイモンド・カーヴァーの短編小説「ささやかだけれど、役にたつこと」には、不慮の事故で子どもを失った夫婦が、パン屋の主人がくれたロールパン数個に深い慈愛を感じる物語が描かれている。夫婦が息子を失ったと言うと、パン屋の主人は自分にできることで夫婦を慰める。「私の作った温かいパンを食べてみてください。少しでも食べて元気を出したほうがいいでしょ。こういうとき、何かを食べることはささやかなことだけど、役にたつと思います」。オーブンから取り出した湯気のたつシナモンロールを食べコーヒーを飲みながら、明け方になるまでパン屋の主人と話を交わす間、夫婦は少しだけ子どもを失った悲痛な思いから逃れられたかのように見えた。私が紹介する話が、パン屋の主人が差し出した温かいロールパンくらいの慰めになることを願うばかりだ。

調査官として日々の苦楽を共にしてきた同僚に感謝の言葉を伝えたい。文章を書くようにと、私に勧めてくれた友人にも感謝したい。彼らがいなかったら、この文章は始まることもなかっただろう。「母さん、本はいつ出るの」とたまにぶっきらぼうに聞いて私を刺激してくれた息子と、机に向かってうなっていた私にあえて気にしないといった態度で接し、プレッシャーをかけないようにしてくれた夫にも、愛を伝えたい。

・本書は『어떤 호소의 말들』（二〇二二、チャンビ）の全訳です。
・著者による注釈は注番号と（　）で囲んだ一行の文で、訳者による注釈は〔割注〕で示しました。
・本書に登場する人物は、個人情報保護のため、必要な場合はイニシャルを使用し、性別、場所、日時などは事実関係を歪曲しない程度に変更しました。

第一章

ある訴えの言葉

あの男の真っ赤な嘘

Cが刑務所を出所してすぐに私を訪ねてきた。彼は私が調査を担当し、終結（却下）した事件の陳情人だった。終結した事件の陳情人が急にやってくることは、たいていの場合いい兆候ではない。そのころ、調査官を驚かせる事件が続いていた。調査結果に抗議する人はめずらしくないが、一部の陳情人は怒りの度が過ぎて危険な行動をした。調査官の前で除草剤を飲んで自殺を図った陳情人もいたし、調査室の窓を開けて飛び降りようとしていたところを調査官が必死で引き留めた事件も起き、陳情人に会うたび、神経がひりひりした。

Cが人権委にやってきた日、よりによって私は調査のため出張中だった。彼は私が不在にしているという言葉を信じようとせず、かたくなに私を呼んでこいと騒ぎ立てた。そしてしまいには廊下にあった消火器を取り外して床に叩きつけ、しばらく大声で悪態をついて帰ったそうだ。「チェさんがいたら大変だったよ。本当にすごかったんだから。私たちが代わりに罵詈雑言を浴びせられて、悪口でおなかがいっぱいになって、お昼も食べられないほどだったよ」（韓国では悪口を言われることを「悪口を食べる」と表現する）。翌日、出勤すると同僚の調査官が前日の事件を武勇伝のように語り、Cが再びやってきたら絶対にひとりでは会わないようにと念を押した。しかし私はCに会わなかったことを幸いだと思わなかった。彼のせいで調査官として厳しいデビュー戦を飾ることになった私は、彼に言いたいことがたくさんあった。Cと初めて会った場所は京畿道《キョンギド》の拘置所だった。

「私は中華料理屋の料理長です」

彼はまるで料理長という職業が自身の潔白を証明でもしてくれるかのように、「りょう、り、ちょう」と単語ひとつひとつに力を込めて言った。Cは店の客に暴行されたが、捜査過程で加害者とされ、結局拘束までされて、職場も人生も失ってしまったと主張した。冤罪を証明する証人が何人もいたのに、警察はこれを無視し、国選弁護人と裁判官も抗議を聞いてくれなかったそうだ。彼は平凡な自分の人生が間違った捜査によって破局に至った過程と、中華料理屋の料理長になるまでの人生逆転の物語を、巧みな話術を駆使しそれこそ「生々しく」聞かせてくれた。私は「本当に、まさか、そんな」を連発しながら、彼の話に聞き入った。貧しかった幼少期、父親の暴力、小学校も卒業できずにソウルに上京、その後の数々の苦労話、中華料理屋の配達員から料理長になるまでの彼の人生は、それこそ涙なしには聞くことができないストーリーだった。

Cが主張するような被害者が加害者として扱われる不当な捜査はよくあるとは言えないが、まったくないことでもなかった。そのころ、とある警察署の現場調査で出会った警察の幹部は冗談のように拷問の「思い出」を打ち明け、私を真っ青にさせたことがあった。「私も一時は、とうがらしを入れた水で痛めつけたことがあるんですよ。最近はもうそんなことはしないし、人権が大事にされるようになりましたね」。映画『殺人の追憶』（ポン・ジュノ監督、二〇〇三）のように罪のない人を地下室に連れていき、拷問で虚偽自白を引き出す時代ではなくなったが、力のない人に罪を着せようとする捜査慣行の根っこまで完全に消えたわけではなかった。

不当な捜査のせいでひとりの料理長の人生をおしまいにしておくわけにはいかなかった。新米調査官の燃える情熱で正義を問おうと決心した。課長と先輩調査官に事件の経緯と人権侵害の深刻性を報告し支援を要請した。事件記録の一番前のページに重要な事件に付ける赤いシールを、敬虔な気持ちで貼っておいた。

永登浦《ヨンドゥンポ》にある問題の中華料理屋を訪れた日は、蒸し暑いという表現がぴったりの真夏だった。先輩調査官と私は黒いスーツを着て、重いノートパソコンと携帯用プリンターまで持って事件現場に出動した。ところが、はじめから問題が起きた。Cが自分の職場だと紹介した「きちんとした」中華料理屋では、誰も彼を知らなかった。「チェ調査官、陳情人が言った店は本当にここですか？　どうもおかしいな……」。ベテラン先輩調査官はそう言って首を左に少し傾けたが、私はちょっと勘違いしただけだと主張した。私たちはCが働いていた場所を見つけ出すため永登浦市場一帯のあらゆる中華料理屋のドアを叩いた。塩漬けの白菜のように全身が汗まみれになった頃、中国食材を売っている店で陳情人を知っているという人に会うことができた。

「やっぱり聞いた通りだ！」。これで事件の八割は解決したと確信した瞬間、なんと食材店の社長から私の期待とはぜんぜん違った陳述を聞くことになった。Cの顔立ちや服装について聞いた社長は、顔を思いきりしかめた。「あいつ、自分が料理長だと言ったんですか。まったく料理長だなんて……単に使い走りをしていただけです。そのうえ、どれだけ酒を飲むのか……酒癖が悪くて喧嘩っ早いんですよ」。ベテラン調査官が事件の概要を説明すると、社長は自分もその事件を知っていると言い、Cがお酒を飲んで暴行事件を起こしたのは初めてではないと教えてくれた。あの時の虚しさといったら……。私は食材店の社長が教えてくれた、Cが働いていたという永登浦の裏通りにある小さな中華料理屋に行った。そこの社長の話も前の店の話とほぼ同じだった。

四十度に近い真夏の日差しの下でも冷や汗が出ることをあの時初めて知った。陳情人の大げさな話をそのまま信じて、あちこちに重要な事件だと報告しただけではなく、私たち人権委で忙しさナンバーワンのベテラン調査官さまを連れてきて無駄足を踏ませたと思うと、冷や汗で全身が凍りつきそうだった。このまま消えてしまいたいと思った。どんなに新米調査官だとしてもこんなミスは許されるはずがなかった。大きくなる木は新芽のときからわかるというのに（韓国のことわざ。大成する人は初めから頭角を現すという意味）……私の調査官の新芽の一歩は、空振りで始まったようだ。

「先輩、本当に申し訳ありません。私が十分に確認すべきでした。ご迷惑をおかけしました」

私は泣きそうな顔で申し訳ないという言葉を繰り返した。

「調査官は何よりも偏ってはいけません。人権委の業務が社会的弱者のための仕事であることは確かですが、そうだとしても調査もせず、陳情人の主張を事実として鵜呑みにするのは正しい態度ではありません。ですが、あまり自分を責めないでください。過程はどうであれ、陳情人の主張が事実ではないことを確認できたじゃありませんか。だから、今日の現場調査は無駄ではなかったということです」。先輩の話はすべて正しかった。重要事件だと大袈裟に騒ぐ前に、関連記録をもう少し細かく確認すべきだった。実力も備わっていないのに正義感に燃え、空振りをした事実がとことん恥ずかしかった。哀れっぽい表情で真っ赤な嘘をついたCにも怒りが込み上げてきた。

現場調査後、Cの陳情事件はすぐに終結した。いくつもの季節が過ぎ、私も彼を忘れた。ところが、彼がいつの間にか出所して私を訪ねてきたなんて。Cが来て騒動を起こして去ったという話を聞いて、驚きや恐ろしさを感じるよりは、どうしてあんな真っ赤な嘘をついたのかと問いただしたいと思うだけだった。

　そして数日が経ったある午後の遅い時間に、彼が再び私のところにやってきた。最初、私はCにまったく気づかなかった。拘置所で面談していたときの純粋な表情は消えていた。子犬のような目で有名な中華料理屋の料理長になるまでの人生を詳細に心を込めて語ってくれたCの姿ではなかった。汗まみれのTシャツ、汚れたキャップ帽から見えるひどく充血した目、若干お酒の匂いもした。幸いにも数日前にやってきて暴れていたという姿とは異なり、彼は落ち着いた態度で「話があるから、少し時間を作ってほしい」と頼んできた。お酒を飲んだかと聞くと違うと手を横に振りながら、昨夜少し飲んで、今日は一日中何も食べていないと言った。私は彼を連れてビルの地下にあるカキ汁屋に行った。

　熱いカキ汁一杯を前において私は彼に静かに聞いた。「あのとき、私は永登浦市場を歩き回りながら……事実を確認しなければなりませんでした。どうしてあんな嘘をついたんですか。何ひとつ嘘ではないものはありませんでした」。Cは床を見つめたまま、何も言わず、カキ汁一杯をきれいにたいらげた。そしてしばらくしてから「そんなんじゃありません……そういうことでは……」と言葉を濁した。その後Cに出会うことはなかったが、しばらくは中華料理屋の前を通る際、たびたびCの真っ赤な嘘を思い出した。すぐにばれる明らかな嘘をついて出所してから私を訪ねてきた理由が気になった。

　その後私もベテラン調査官と呼ばれるくらいそこそこ長い歳月が過ぎた。あれから数えきれないほど多くの陳情人から同じような嘘を聞いた。その経験から、あの真っ赤な嘘にも一片の真実があるかもしれないと思うようになった。

人は誰でもそれぞれの人生を夢見て生きる。私が他の時代に生まれていたら、他の家庭で育ったら、あの時あの選択をしていなければ、またはしていたら。そうすれば別の人生をよりよい人間として生きていたのかもしれないという想像だ。Cも時々現在の「底辺の人生」とは違った、より良い人生を夢見ていたのだろう。別の人生では、Cは酒を飲んで暴れる使い捨ての雑用係ではなく、おしゃれな中華料理屋の立派な料理長かもしれない。Cは私に自分が夢見た別の人生の話を語り、私はその話を信じたのではないだろうか。

自分が夢見た人生の話を誰かが目を輝かせながら真剣に聞いてくれるとき、その架空の話を止めることは難しいという想像もできるようになった。自分の話通りに人生が上手くいくことを、人権の名の下に期待したのかもしれない。その希望に寄りかかって一度ちゃんと生きてみたいという本音を、調査官に信じてほしいと願ったのだろうか。カキ汁をたいらげた男が赤くなった顔でつぶやいた「そんなんじゃありません……そういうことでは……」というその濁した言葉尻に、そういう心が込められていたと信じてみたくなるのだ。

事実確認をきちんと行うことが人権委調査官の仕事なら、事実の向こうにある様々な姿をした真実を想像してみることこそ、人権を大切にする心ではないかと考えている。

ヨンジュゴル、あの部屋の子に

大韓民国サッカー代表チームのワールドカップベスト4進出と彼らを応援する「赤い悪魔」の熱気で暑かった二〇〇二年は、韓国の人権の歴史においても熱い一年として記録すべきだろう。人権運動家たちの長い闘争の産物であり、金大中大統領のマニフェストでもあった「国家人権委員会」が二〇〇一年十一月に発足し、翌年四月から本格的に調査を始め、暗闇に沈んでいた様々な人権問題があぶりだされた。数か月間で数千件の陳情が受け付けられ、新米調査官の私にもいっきに二百件以上の事件が割り当てられた。

昼夜問わず、陳情の記録に埋もれて過ごしていたある日、世間を驚かせた人権侵害事件が起きた。ワールドカップの熱気が冷め、人権委があるソウル中区武橋洞《ムギョドン》の街で銀杏が黄色く染まり始めた十月だった。自らを人権の最後の砦だと自負していた検察の心臓、ソウル地方検察庁（以下、ソウル地検）で取り調べを受けていた被疑者が拷問で死亡するという、じつに信じられない事件が起きた。人権大統領の時代であり、ワールドカップの歓喜と広場での自由を満喫し、人権の大転換期を迎えたと信じていた市民たちは大きな衝撃を受けた。

大検察庁（検察組織の最上位。最高検察庁）の捜査が始まったが、関係者は拷問の事実をみな否認した。死亡した被疑者が大暴れし、自傷し始めたので、それを止めようと数回殴ったが、死亡に至るほどではなかったと主張した。ある瞬間《とき》からは、死者が反社会的勢力の一味であり、殺人を犯した疑いがあったというメディアの報道が溢れた。捜査責任者だったソウル地検強力部（殺人などの強力犯罪を担当する部署）の担当検事に対する同情論まで登場した。情熱と信念をもって正義のために尽くしてきた検事が「偶然の事故」のせいで失墜することになったというのだった。こういう世論の流れのなかで、大検察庁監察部はソウル地検強力部の捜査官と派遣警察官たちを「特定犯罪加重処罰法上、瀆職暴行致死」容疑で拘束し、早期収拾を試みた。これまでの多くの国家暴力事件と同様、検察の心臓部で起きた一つの事件が「セルフ」捜査の結果によって、静かに幕を閉じるかのように見えた。

ところがその時、「そういうことをするために作った」人権委が登場した。人権委はソウル地検について職権調査を行うことを決め（人権委法により、陳情のない場合にも人権侵害や差別行為があったと推定される相当な根拠があり、その内容が重大だと認められる場合に、職権による調査が可能だ）、私を含む三十代初めの女性調査官三人と男性調査官一人を中心に職権調査団を作った。元弁護士だった団長をのぞき、全員が新米調査官だった。発足して間もない人権委のお披露目の舞台となる国家権力機関による人権侵害事件であり、当然のごとく、職級の高い男性が中心となる公務員社会の慣行を考えると非常に異例の構成だったが、正直、人権委ではそれが特別だと感じていなかった。あの時代、人権委の人々は今よりずっと勇敢だったか、無謀だったのだろう。そして何よりも、足りない実力と経験を情熱と真心で克服できるという信念があったようだ。

今もそうだが、あの頃は特に、検察は不可能などない権力機関だった。拷問のような人権侵害事件を調査するために作られた人権委の現場調査でさえ、検察関係者たちは話にならない理由を挙げて調査を拒否したり、引き延ばしたりした。いくつもの紆余曲折の後にソウル地検で初の現場調査を行った時のことだった。現場調査で私たちが最初に対面したのは、巨大な会議室で一列横隊に立っていた調査対象の捜査官たちだった。柔道選手を彷彿とさせる体格に黒いスーツを着た彼らは、後ろで手を組んだ姿勢で一糸乱れず、まるで軍隊の閲兵式を連想させる姿で立っていた。

彼らが予期していた人権委調査団の姿がどんなものだったかは想像できないが、「若い女性たち」と向かい合った彼らは戸惑いを隠せなかった。「こんにちは。まさか、ずっと立っていたんですか。長らくお待たせして申し訳ありません」と言い、腰を九十度に曲げて明るく挨拶した時、こちこちに硬直していた彼らが首の筋肉を緩ませるのがはっきりと見えた。新米調査官だった私たちの頼りとなるものは情熱と明るさ、そして真心しかなかったから、私たちはそれをフルに使った。振り返ってみると、それがちゃんとした調査だったかは疑問だ。しかし捜査官の泣き言と弁解と恨みを、誠意を込めて聞いてあげる過程で、容疑を強く否認していた一部の捜査官が加害行為を自白することもあった。彼らは「上に言われたこと」を「いつも通りに」しただけなのに、自分たちだけが加害者として追及されていると悔しがった。厳しい監察捜査を受けていた捜査官たちは、追及はおろか、共感を見せながら、自分たちの弁明を聞いてくれる人権委の新米調査官に少しずつ胸の内を明かし、すっきりした表情を見せた。

情熱や真心で埋められない空白は、偶然または幸運に任せなければならないことをあの時に学んだ。拷問場所だったソウル地検特別調査室一一四六号の現場調査に行った時だ。私たちを案内してくれた検察の関係者は、「機密施設」である特別調査室の外部公開は史上初だと説明した（特別調査室はその後すべて閉鎖され、歴史の闇に消えた）。エレベーターから降りていくつもの鉄の扉を通過して辿り着いた特別調査室は、狭い廊下を挟んで五、六坪の部屋が六、七個向かい合っている形だった。すべて窓のない部屋だったが、それぞれの部屋には簡易ベッド一台と机、トイレには小さな洗面台と便器があった。狭く古いモーテルの部屋のような作りだった。人権委の訪問に備え、すでに掃除までされている状態だった。古びた蛍光灯が目立つほど光っていた。

検察の関係者は、調査をしても何も出てこないと信じているかのように落ち着いて見えた。私は彼らの視線を感じながら、あえて気づかないふりをした。その時、私たちのなかの誰かが、ベッドのマットの深いところから殴打に使われたに違いない五十センチの長さの警棒を見つけた。完璧なほどきれいに掃除された現場で、大検察庁の監察部の現場検証でも発見されなかった「警棒」が、人権委の新米調査官の前に現れたのだ。まるでこれまでに特別調査室で行われた無数の違法捜査の真実を明らかにしてほしいと、誰かがわざと置いておいたかのように。

死亡した被疑者Jの共犯として捜査を受けていた人々の陳述、診察記録、国立科学捜査研究所の被疑者解剖の結果など、特別調査室で行われた拷問と加害行為の証拠が、人権委の調査過程で続けて確認された。被疑者Jらは不当逮捕状態で特別調査室に連れていかれ、相当長く拘束されていた。このような状態なら、大半の人々が物理的な暴力がなかったとしても極度の恐怖心と羞恥心を感じるだろう。その後、捜査官たちによる無差別な暴力と性拷問など過酷な加害行為が行われた。一部、水による拷問の痕跡も確認された。人権委の調査が始まり、世論の流れが大きく変わり、結局担当検事などが拷問および暴行致死の容疑で拘束された。捜査当事者の検事が捜査上の問題で拘束されたのはそれが初めてだった。

亡くなったJの家族と面談するために、京畿道の坡州《パジュ》を訪れた。坡州のヨンジュゴル（朝鮮戦争後、米軍基地ができ、その後、性売買が主な産業となり、歓楽街として成長した街）にある古びた安っぽい風俗店の部屋に、被害者の老母と五、六歳くらいの息子が住んでいた。ガラクタでいっぱいの狭い部屋は暗く、換気もあまりできていなかった。老母と話をしている間ずっと、子どもはまるでいないかのように、静かに白い紙に幾何学模様の落書きをしながら遊んでいた。老母は捜査状況についてほとんど知らず、ただ頼みますと言い、孫をどう育てたらいいかわからないと繰り返した。以後、調査官として働きながら、私は類似した場面を何度も目撃することになる。人権侵害事件が発生した場合、毎時速報が流れ、あちこちで改善策を立てると大げさに騒ぎたて、捜査と裁判が進められるが、被害者たちはひっそりと残される。芝居が終わった後の、舞台上の道具のように。観客はみんな帰宅し、舞台には暗闇が残るばかりだ。

　この本を書いている時、この事件の担当検事が一審で拷問および暴行致死を共謀し、幇助した嫌疑で懲役三年を宣告されたが、控訴審で量刑が半分に減り、最高裁で一年六か月の確定判決を受けたこと、そして数年後、特別復権された事実を知った。様々なニュースと記事が最高裁の判決による客観的な事実とは異なる内容を掲載していた。しかしどこにも死亡したＪと他の被害者に関する話はなかった。二〇二〇年の国政監査（韓国の国会が憲法および国会法に従い、政府の活動を監視、監督する制度。国家行政や財政、政策などに問題がないかを調査・報告し、問題があった際は、改善策を提案する。政府が改善の要求に応じなかった場合、国会は追加措置を要求できる。日本の会計検査院が毎年行う税の無駄遣いなど国の決算の検査報告にも似た措置である）で、当時の検察総長がソウル地検の事件を「検事が人を殴り殺した事件」と表現したため、数人の議員から謝罪を要求されたとの記事も検索で出てきた。これもまたその表現の品格についての言及のみで、国家の責任や個人の名誉に関する問題提起ではなかった。

人権侵害の加害者たちの話は学縁や地縁や、さらに高学歴、お金、権力で作られた性能のよいマイクを通して世界に響き渡るが、マイクのない被害者たちの声は届かない。ソウル地検の事件も例外ではなかった。大統領が直接謝罪し、法務部長官（日本の法務大臣にあたる）と検察総長が辞任しなければならなかった衝撃的な人権侵害事件だったにもかかわらず、加害者たちはあれこれの理由で短い刑を終えて自由の身になり、その後、被害者やその人生はすっかり忘れられてしまう。

この事件を思うといつも、ヨンジュゴルの小さく暗い部屋で床にうつぶせになり、落書きをしていた子を思い出す。新米調査官だった私が勤続二十年の調査官になる間に、あの子も二十代の青年になっているだろう。青年になった彼がどんな人生を生きているか気になる。二〇〇二年のワールドカップの熱気を今もはっきりと覚えているのに、検察の心臓部で行われた拷問事件に関する記憶はおぼろげだ。人権侵害の加害者たちに対する審判が終わった後にも被害者の人生は続くという事実を、私たちは簡単に忘れてしまうようだ。

彼はどうやってジャン・バルジャンになったか

一時は「かわいいはがきコンテスト」まで実施していたMBCの長寿ラジオ番組「星の輝く夜に」（1969年に始まり現在も放送中）のパーソナリティも、今や手書きの手紙はもらえない時代となった。しかし人権委の調査官は今も様々な形の手紙をもらっている。手紙といえば思い浮かぶ真心のこもった文字とかかわいい絵のようなアナログ的感性とはかなり違うが、刑務所や留置場、精神病院などから送られてくる封筒には、誰かが手で一文字一文字、力強く書いた手紙が入っている。こういう手紙は殴り書きの癖字、意味がわからない内容、分かち書きをしていない文章、なぜかわからないがゴマ粒ほど小さな文字や、子どもの拳くらいの大きな文字など、解読自体が大変な場合が多い。そういう手紙の束から一度、奇妙に感じるくらい美しい文字の手紙を珍しく発見した。教科書に出てくる文字に似た、きれいでまっすぐな文字を書く主人公の物語は、その文字くらい非現実的なものだった。

名門大学を卒業し、大企業の役員として働いていたが、何らかの理由で解雇された後、長い間、野宿生活をしてきたと彼は自分自身を紹介した。中年の「私が若かった頃には」くらいに、陳情人の「昔は」もよくあるレパートリーだが、筆跡のためか、手紙の内容が純粋な事実のように感じられた。彼は食品売り場でツナ缶を二つ盗んだとの理由で拘束されたが、自身は野宿生活中にお腹がすいて食べ物を盗んだり、無銭飲食をしたりして処罰を受けたことはあるものの、ツナ缶だけは絶対に盗んでいないと主張した。たった缶詰二つで拘禁刑になったという話は信じがたかったが、彼の筆跡のせいか、まず会って詳しい話を聞いてみたくなった。

拘置所に行き、彼と話す前に裁判記録の一部を見てみたが、彼の話は事実だった。関連書類にはこういう文章が書かれていた。「二十一時頃、○○市の○○売り場で六千ウォン（一ウォン＝約〇・一円）相当のツナ缶二つを窃盗」。ジャン・バルジャンがパン一切れを盗んで監獄に送られた十九世紀ならともかく、現代になんとツナ缶二つのせいで拘束されるとは信じられなかったが、そういうことがまさに起きていた。拘置所の調査室で彼と向かい合ってみると、彼は自身の筆跡くらいおとなしい人だった。私を見るや否や、大したことでもないのにご足労かけて申し訳ないと言った。ツナ缶二つは大したことではないかもしれないが、そのせいで身柄を拘束されているのは大したことではないか。

時に空腹のせいで食べ物を盗む事例がメディアで報道される。仁川《インチョン》のあるスーパーで父親と息子が食料品を盗んで摘発されたが、盗んだものが牛乳二パック、リンゴ六個、飲み物だったというニュースがあった。捕まえられた父親はあまりにもお腹が空いていたと過ちを認め、警察がこの父親と息子を窘《たしな》め、その後温かいクッパをご馳走したという美談がネットから広まった。クッパを食べている間、匿名の市民の一人が二十万ウォンが入った封筒をこの親子に渡して立ち去ったことが報道されてさらに話題となった。担当警察はメディアのインタビューで「法より人間が先」という言葉を残した。

私たちが好きな話はこういう美談だが、現実の法はずっと冷酷で厳然たるものだ。美しい手書き文字を書くこの男性はメディアに紹介された父親とは違って、ツナ缶の窃盗を最後まで認めず拘束されるに至った。思うに、彼には食べ物を窃盗した前科が何回かあり、住所もはっきりせず、反省はおろか罪を否認したため、逃走の可能性が大きいと裁判所は判断したようだ。

それから私は警察署から受け取った捜査資料を細かく見てみた。男の鞄から缶詰二つが発見されたのは事実だが、それを当該の売り場で盗んだ証拠はどこにもなかった。監視カメラにも彼が缶詰を鞄に入れる場面は映っておらず、さらに証拠品のその缶詰は警察が現場ですぐに押収し、スーパーのオーナーに返したために、裁判が始まった時にはすでに売れてしまった状況だった。缶詰が物証として残っていれば、製造番号などをたどり男性の主張通りソウル鍾路《チョンノ》の他の店で販売されたものか確認する方法があったかもしれない。

現場で男性を逮捕した警察は、押収品である缶詰を店のオーナーに返したのは間違いだったが、彼こそが犯人だと主張した。しかし証拠がないのにどうやって犯人だと断定できるのかという質問には答えなかった。裁判中にも事実を巡る争いは続いた。黒い法服の判事と検事、そして証人として出席した警察、食品売り場の店員たち、速記者と警備員たち、膨大な量の書類の束と監視カメラの映像、厳粛な裁判所のこのすべての光景が、ツナ缶二つを盗んだ犯人を捜すためのものだとは。まるでシェイクスピアの『真夏の夜の夢』のような茶番劇を見ている気分だった。これが私たちが本当に求める法の正義だろうか。

人権委は被告人の有罪や無罪を明らかにするところではない。犯罪の真実を把握し、有罪か無罪かを判断するのは捜査機関と裁判所の役割だ。人権委は逮捕と拘束と裁判の手続き中、被疑者の権利が侵害されていなかったかを調査し、人権侵害の有無を明らかにする役割を担う。ツナ缶事件における人権委調査官の私の役割は、法律に従った手続きを経て証拠品のツナ缶が押収され、廃棄されたかどうかを確認するものでなければならないだろうと考えた。ツナ缶二つを盗んだとの容疑で一人の人間を拘束するのが法の厳格さなら、その過程における手続きも、法に従い、厳格に法を守るべきではないだろうか。

調査官としての私の考え方を、人権委員たちにきちんと伝えるのは常に難しい課題だった。陳情が人権侵害に該当するか否かを決めるのは十一人の人権委員たちの仕事だ。調査官は陳情の調査結果を争点別に整理し、担当小委員会に事件として上げ、会議に出席し、当該事件が人権侵害であることを説得力をもって伝えなければならない。ツナ缶事件についての審議と、判決の日程が近づき、様々な心配が交錯した。人権委員たちに警察のツナ缶押収過程上の問題点と陳情人の不利益についてうまく説明できるだろうか。

小委員会があった日、ちょうど事件の内容を説明しようとしていた私に小委員会の長が尋ねた。「チェ調査官、報告書に書かれた内容は既に読んだので、要点だけ説明してみてください」。要するに缶詰を現場で食品売り場にそのまま返したのが人権侵害ということですか」。決められた時間内に数百件の陳情事件を審議しなければならない人権委員たちは、常に要点だけ報告することを期待する。わからないわけではないが、「要点だけ」という言葉に萎縮してしまった。『レ・ミゼラブル』の壮大な物語が「簡単に言って」燭台を盗んだジャン・バルジャンと彼を許した神父の物語に矮小化されるように、この世の多くの事件も「要点だけ」抜き取ると大概、大したことのない単純な物語になってしまう。要点だけ抽出された陳情人の話が、そんなふうに受けとられてしまうのではないかと、あれこれ付け加えているうちに、私の話はだんだん要点から遠ざかっていくみたいだった。

「缶詰二つは何でもないように思えますが、そのためにひとりの人間が拘束されました。缶詰のせいで人が拘束されるとしたら、それと関連した手続きもやはり法に従って進めなければならないと思います。缶詰は押収品規定によって押収品として処理されるべきでしたが、担当警察官は店のオーナーにそのまま返しました。それは捜査もせず、陳情人の窃盗と断定したものであり、これは押収と還付に関する規定に明白に違反したものです。このような警察の行為は適法な手続きに違反した人権侵害に該当すると判断されます」

私は缶詰事件が裁判に関する事件ではなく、警察捜査の手続きの適法性に関する事件だと説得しようとした。しかし心配した通り人権委員たちは事件の判断を保留した。「話はわかりました。ところでチェ調査官、人権委が缶詰二つで起きた問題にまで人権侵害の有無を判断しなければならないのでしょうか。まず窃盗罪の裁判の経過を引き続き見守ることにしましょう」。

個人的には納得できない決定だったが、人権委員たちの決定通り裁判の結果を見守るしかなかった。実際、裁判の進行過程をずっとモニタリングしていて、私はあまり心配していなかった。人権委の決定が出ていれば彼の無罪判決に役に立っただろうが、人権委の助けがなくても証拠不十分で彼に無罪が宣告されると信じていた。無罪判決も重要だったが、無罪判決によってもらえるいくらかの刑事補償金[*1]が彼にとって実質的な助けになりそうで、彼が裁判に誠実に臨むことを望んだ。

しかしツナ缶窃盗事件の真実は最後まで明らかにされなかった。裁判が長引き、彼は拘束されないまま裁判を受けることになったが[*2]、釈放された彼は裁判所に現れなかった。結局ツナ缶事件は被告人が逃亡した事件となり、欠席裁判[*3]の通例によって、検事が求刑した一年の刑がそのまま確定し、すぐさま指名手配の措置がなされた。彼がどうしてそんな愚かな選択をしたか理解できなかった。そして数か月が経ってから、彼が逮捕されたとの連絡を受けた。

別の事件で刑務所に調査に行ったとき、ちょっとだけ彼と面談した。彼は今回も、大したことでもないのにご足労をかけたと謝った。彼は居住地がなく、裁判所が送った出頭通知を受け取れなかったと言い訳をし、自分は無罪だから裁判に出なくても大丈夫だと確信していたという。そう言う彼の目が、どこか空っぽのツボの中のように暗かった。真実を知る方法はもうなかった。ちょうど冬が始まろうとしていた時期だった。刑務所を出ると、すぐにでも雪が降りそうであたり一面は暗く、歩きにくいほど冷たい風が暴れていた。そしてふと思い出した。彼がツナ缶のせいで逮捕された夜は十二月二十四日、クリスマスイブだったことを。

＊1　刑事被疑者または被告人として拘禁された人が不起訴処分になり、無罪判決を受けた際、国家に刑事補償金を請求できる。一日の最低賃金額の五倍まで補償を受けられる。二〇二二年基準では、刑事補償の最高金額は三十六万六千四百ウォン。

＊2　裁判所の被告人に対する拘束期間は最大六か月。この期間が過ぎると被告人は釈放され、拘束されないまま裁判を受ける。

＊3　欠席裁判とは被告人が不在の状態で行われる裁判のことをいう。被告人なしで進行する裁判で、被告人の立場から抗弁する機会も失うため、一般裁判より被告人にずっと不利になる。

誰かの最高の服

偏見と固定観念こそ人権侵害の始まりだと口癖のように繰り返す人権委調査官だが、いざ自分の仕事となると、その偏見から簡単には抜け出せないと時々感じる。「たちの悪い」陳情人に見える人には可能な限り事務的な態度を取り、揚げ足を取られないようにするのは重要な「調査の技術」だと信じていた私に一発食らわせた人がまさにAだった。

Aは暇さえあればソウルのとある派出所を監視（?）し陳情書を書いた。その内容は多くがこのように始まった。「警察が勤務中にプロ野球中継を見ていました」「パトカーを適当に停めて昼寝をしていました」。ある日はこんなものもあった。「派出所の所長が歯磨きをして、うがいした水を道路に吐きました」。Aは数日ごとにこのような内容でいっぱいの陳情書を私に提出し、電話をかけてきてこう尋ねた。「これも人権侵害ですよね？　公務員がこれでいいんですか？　徹底的に調査してください」。

「ベテラン」調査官の私はAがどのようなタイプの人間か簡単に見抜いた。彼は大したことでもないことで言いがかりをつける人で、もしも小さな失敗でもしたら私を職務怠慢や職権乱用のような大きな罪で告訴する可能性もある「超危険人物」だった。そして彼がしている異常な行動の理由を知ろうとするよりも、わざと難しい法律用語を使って事務的な態度で応じた。それがAのような部類の人間に適用すべき調査の技術だと考えた。

Aが送ってくる陳情書のせいで事件ファイルが中年の腰回りのように分厚くなってきたころ、問題となった派出所を訪れた。警察官は私を見るや否や真剣に訴えた。当然のことだろう。民願が出されると事実がどうであるかに関係なく、疑惑について報告しなければならないのが公務員の宿命だから、同病相憐れむ気持ちになった。三十分くらいが過ぎ、陳情人が派出所に入ってきた。調査室として用意された会議室で二人きりで向かいあって座った時、Aは自分のことを日雇い労働者だと紹介し、調査しに来てくれて本当にありがとうと言った。「久しぶりに日雇い仕事の連絡が来たんです。ところが急に調査官さんから連絡が来たので……。今日の日当を諦めて来ました。調査官さんに会うために、一番いい服を着てきたんです」。恥ずかしそうに上機嫌の顔で肩をすくめて彼が笑った。彼の「一番いい服」はグレーのワイドパンツにチェック柄の茶色いジャンパーだったが、すでに流行が過ぎているように見え、五月末の暑い日に似合う格好でもなかった。

「町でよく職務質問をされますが、気分が悪いです。あの日は警察官を避けて道を渡っていたのに、乱横断だと捕まりました。どんなに謝っても許してもらえず、罰金を科せられたんです。一日働いてもそんなには稼げません。私には大金なので悔しかったです。でも愚痴を言える人もいなくて……」。そんなある日Aはパトカーで昼寝中のあの日の警察官を偶然見かけたという。「法は怖いものでしょ？　なのに自分たちは適当に違法駐車をして勤務時間に昼寝をしてもいいんですか？　お前もやられてみろ！　そんなことを思ったんです」。

毎日派出所付近をうろうろし、自分だけの論理でおかしな陳情書を何枚も書いていろんな機関に提出する、無益で無意味にみえる行為が、調べてみるとAのもがきであり、叫びだった。弱者にとってより厳格で不利な法と制度に向けられた、古い一張羅しか持たないAの、認められたい一心の闘争だったのだ。「たちの悪い」陳情人を素早く見抜くのが有能な調査官の技術だと信じていた私は何も言えなかった。

フィンランドをはじめスウェーデン、デンマーク、ドイツ、オーストリア、フランス、スイスなどいわゆる先進国の多くの国々では、すでにずっと前から「日数罰金制」という制度を採用している。日数罰金制は罰金を支払う人の収入によって異なる罰金を科す制度だ。日数罰金制がよく定着したフィンランドで、ある企業の代表がスピード違反をして韓国のお金で約二億ウォン近い罰金を支払ったというエピソードはよく知られている。罰金と所得を比例させたシステムは、同じ犯罪行為に同じ処罰（刑罰）を与えなければならないという法の原則を実質的に運用するためにはいい手法だと思う。韓国でも多くの市民団体がこの制度の採用を要求しているが、「法の公正性」を揺るがすとの理由で長い間議論にとどまっている。

その日暮らしだという陳情人、高額年俸者、私のような平凡な公務員、それぞれが感じるお金の価値は違うのだろう。なのに、誰でも同一の金額の罰金を払わなければならないのなら、それこそ不公平なことではないだろうか。韓国でも日数罰金制のような制度があったら、警備員を暴行するなど日常的にパワハラをしていた企業の会長に罰金二百万ウォンが科せられたという空しいニュースを聞くことはこれ以上起きないだろう。

Aは「たちの悪い」陳情人である自分の話を聞いてくれて感謝していると挨拶し、陳情取消書を書いたあと静かに派出所を出ていった。いっそのこと「乱横断を一度見逃したら、法の正義が損壊されますか。軽い違法を理由にある人の日当を国家が奪うのは、正当な法の執行ですか」と声を上げてくれたら、私も同調して落ち着かない気持ちを吐き出せたのかもしれない。警察官は民願を却下してくれた調査官の「特別な能力」を褒めたが、実際には私は特別な能力を発揮するどころか、「一番いい服」を着て現れたAに温かい言葉一つかけられなかったのをずっと後悔している。

神ではなく私たちの責任だ

外国の見慣れぬ都市、話の通じない場所で急にどこかに連れていかれ、閉じ込められたら？　そこにいる誰もが自分を連れてきた理由を説明せず、自分の話を聞こうとしないなら？　おかしな名前で呼ばれ、精神科の薬を毎日飲まされたら？　そんな状態で一年、二年、三年そして四年、五年、六年が過ぎ、誰も自分を探しにこなかったら？　このホラー映画のような状況に陥ったら、私は何ができるだろうか？　どうにかこの悪夢から目覚めたいと、私の知っているすべての神に祈る以外、他にできることがあるだろうか。

想像もしたくない、この「アンビリバボー」な事件がチャンドラに起きた。一九九一年二月、ネパールからやってきた労働者だったチャンドラは、ソウルのとある繊維工場でミシンの補助員として働いていた。彼女は工場付近の粉食屋《ブンシクチョム》*4でラーメンを一杯食べた後、財布がないことに気づいた。誰でもいいから誰かひとりチャンドラの繊維工場に連絡をすればそれで済むはずのエピソードだった。だが彼女は一瞬にして「おかしな話」をするホームレスだと判断され、婦女子保護所（ホームレスや売春をする女性を一時的に保護する目的で作られた施設）を経て、精神病院に監禁された。そしてその後、チャンドラは精神病院で「ソンミヤ」という名で呼ばれ、六年三か月と二十六日間監禁された。彼女の名前がソンミヤではなくチャンドラで、おかしな言葉はネパール語だったという事実が明らかになるまで六年三か月と二十六日もかかったのだ。チャンドラは韓国の人権団体の助けを受け、被害訴訟でやっと勝訴したが、賠償金額はわずか二千八百六十万ウォンに過ぎなかった。

二〇〇三年、パク・チャヌク監督はチャンドラの物語を『N.E.P.A.L. 平和と愛は終わらない』というタイトルの映画にした。彼はこの物語を通して、人権侵害に故意が必須なわけではないということを伝えたかったと言った。残酷な拷問をしたり、真実を捻じまげて罪のない留学生をスパイに仕立て上げたりするような故意や悪意のある人権侵害事件も多いが、そんな故意や悪意だけが人権侵害を作るのではない。実際に、無関心と慣例の名の下で行われる人権侵害が日に日に増えている。チャンドラの人権侵害事件に加わることになった警察、婦女子保護所の職員、精神病院の医師と看護師、誰も意図を持って悪行をなしたわけではない。ただ無関心で、少し無責任だっただけだ。チャンドラの外見が韓国人のように見えるのに、韓国語ができなくて、服装がみすぼらしかったのは、人権を保護すべき理由にならず、むしろ人権を侵害するいい言い訳にされた。パク・チャヌク監督は映画の撮影中に、私費でチャンドラの故郷を訪れた。「あなたがチャンドラですか」と聞くと、チャンドラが笑顔でそうだと答える瞬間を、監督はネパールの美しい山を背景に、スクリーンいっぱいに映し出した。韓国社会の偏見と差別の中で、存在しないかのように扱われたチャンドラが、ネパールの巨大な山のようにはっきりとした存在として刻印された瞬間だ。

二〇一四年の夏に出会ったナイジェリア出身のMも、チャンドラのように急に逮捕され十一日間拘置所に拘束されてから釈放された。Mと一緒に働いていたKが古物の窃盗で警察の捜査を受けている間、自分はMだと嘘をつき、警察を騙した。Kは自分の身分証ではないMの外国人登録証のコピーを提出し、警察はKをMだと信じた。Kは捜査後に逃走してしまい、以後Mの名前で逮捕令状が出され、逃走したKの代わりにMが拘束された。

Mは警察と刑務官に拙い韓国語で事情を説明し、時には悪態をついて抗議した。外国人は自国の大使館の助けを受ける権利が刑事訴訟法で規定されているが、誰もこの権利を彼に教えたり、大使館に通知したりしなかった。むしろ彼の正当な抗議を騒ぎとして捉え、処罰した。拘置所の職員は彼を自害の可能性がある危険人物と判断し、両手と足を拘束し、顔にはヘルメットのような拘束具をかぶせて懲戒を加えた。Mの拘置所の記録には「すべて私の間違いです。二度と騒ぎを起こしません」という英語の反省文が添付されていた。Mはこのままでは誰にも知られずに死ぬかもしれないと思い、無条件に申し訳なかったと謝り、その日以来悔しいという言葉すら言わなかったという。

ナイジェリアで子どもたちを教えていたというMは、自分の状況を明確に説明にできる人だった。Kの嘘から始まった事件だったが、Mの逮捕令状を執行した警察、検事、刑務官、そのなかで誰か一人でもMの話に耳を傾けていたら、古物の窃盗犯がMではないという事実がすぐにでも明らかになったはずだ。外国人登録証の写真だけ見ても、MとKは肌の色以外、似ているところがない。調査中にこの点を指摘すると、担当警察官は自分の間違いを認めながらも「黒人はみんな同じ顔だから……」と話した。逮捕令状の執行を決定した検事は人権委に次のような趣旨の答弁を送った。「検事は通常、拘束される被疑者にいちいち対面して確認したりしません。書類上で決定したことは違法ではありません」。Kが最初に連れてこられて取り調べを受けた時に同席した通訳士が、MとKが違う人物だと法廷で陳述しなかったら、Mは窃盗犯とみなされ、悔しい懲役を終え、強制出国していたかもしれない。

Mに会って調査した時、彼が長く黒い指で私の顔をさしながら話す態度がひどく気になった記憶がある。率直にいえば、すぐにでも拳が飛んでくるのではないかと怖くなった。しかし会話を続けてみて気づいた。彼の行動は無礼なのではなく、一種の会話の習慣であって、指をさすことを興奮して怒っている姿として認識したのは私の文化的偏見だった。彼の外見に対する先入観と文化的な偏見が私の中でも作動していた。チャンドラの場合のように、彼の事件も加害者がはっきりしない人権侵害の事件となり、彼は誰からもきちんとした謝罪を受けられなかった。大韓民国の政府は間違えた拘禁についてわずかな国家賠償金で謝罪の代わりをしただけだった。

Mと最後に会った時、彼が話した言葉がずっと記憶に残っている。「私の話を聞いてくれてありがとう。神のご加護があなたにありますように」。涙がたまった大きな二重の彼の目を見ながら「天賦人権」という言葉を思い出した。人間は生まれた時から、天から尊厳を授かった存在だというこの言葉は、世界人権宣言の第一条の精神でもある。「すべての人間は、生まれながらにして自由であり、かつ、尊厳と権利とについて平等である」。ありふれたシンプルな言葉だが、一度もきちんと守られたことのない人類の約束ではないだろうか。

韓国に住んでいる多くの移住労働者にとって尊厳と権利の平等は天賦どころか、人類愛という温もりからすら疎外されているようだ。二〇二一年九月にも華城《ファソン》外国人保護所に隔離されていたモロッコ出身の難民申請者が「エビぞり」（後ろ手に手錠をかけて足も縛られエビのように反らせた姿勢）状態で一人部屋に隔離された監視カメラの映像が公開された。保護所側は「保護」措置だったと説明したが、人権団体から大きな批判を受けた。[*5] 注意を傾けてみると、似ている事例はあまりにも多くじつに簡単に見つかる。Mは私に神の加護を祈ってくれたが、私たちの周りにいる他のチャンドラを見守る責任は、遠くにいる神ではなく、ここにいる私たちにある。

＊4　トッポッキーやラーメンなどを売る、主に若者向けの安い食堂。

＊5　法務部は内部調査の結果、外国人保護所での保護過程で過酷な行為があったことを一部認め、人権委は二〇二一年十二月法務部長官に一時保護の解除など必要な措置を取るように勧告した。

私たちが本当に応援していること

「コーチがすごく怖いです」

「たぶん通報したら、大人たちは私たちが試合中に怪我しただけだと言うと思うんです。

証拠もないですし」

つるつるの小石のような小学校四年の運動部の児童たちの話だ。私が調査したら事実を明らかにできると言うと、がやがやしていた教室が一瞬静かになった。子どもたちは「調査」という言葉に恐れおののいたのか、「ほら、だから言っちゃいけなかったんじゃないか」といった視線を交わした。しかしそれも少しの間だけだった。子どもたちは私がおやつに持っていったチョコパンを食べ、飲み物も飲みながら、警戒心をほどき、話を続けた。それまでに運動をしていて殴られたことはもちろん、遠征試合に行った時、他の部員が叩かれたことを見たという話まで、まるで競争でもするかのように話してくれた。

調査をしながらいろんな被害者に会ったが、運動部の子どもたちみたいに自分が叩かれて怒られた話を天真爛漫に話すのを聞くのは初めてだった。侮辱と暴力に日常的に晒されていた子どもたちは「ほとんど」のことは大丈夫だと言った。「あの、私は二年前に本当につらかったです。その時は先輩たちにひどく殴られました。カッターで殺すと脅迫されたり、運動部のシャワー室に連れて行かれてぼこぼこにされたりしました。話を聞かないからだと言われました。もしも大人に言ったら屋上から落としてやると言われたんです」「コーチは口は悪いけど、そんなにたくさん叩くわけではないんです。コーチは教え方がすごく上手だと評判ですよ。でも耳を引っ張ったり、耳の横の髪の毛を引っ張られて、髪の毛がたくさん抜けました。そして携帯でおでこを叩きます。いや、もう！　すごく痛いです。頭が腫れたりします、いや、本当に」「もちろん母には話しました。でも親がいるときに叩かれたこともあります。母は何も言いません。なぜかはわかりません」。子どもたちは強い眼差しでこんなことも言い合った。「うーん、屋上から落とされないように、自分から飛び降りればよかった」「なんだって、それじゃあお前死んじゃうぞ」「そっか」。

運動選手のインタビューをしていると、軍隊でサッカーをする話を聞いているような気分になるときがある。軍隊の話やサッカーの話が嫌だからではなく、その話にまとわりつく暴力的な空気が耐えられないからだ。私が聞いた軍隊の話は、大体食べていたり寝ていたり見張りをしていたり、時にはシャワー中に、さらにはトイレで用を足していた時に起きた暴力の話で、似通ったものだった。軍隊でのサッカー（またはフットサル）はそういう暴力と攻撃性を「公式」に表出できる重要な手段としての遊びに見えた。軍隊のサッカーの話は、いつも手足が折れたり、負けたという理由でチーム全体が連帯責任を負ったり、殴られたりする話につながっていた。

数年間、多くの運動選手をインタビューしたが、いつも似ていた。国家代表選手、全国大会で金メダルを取った選手、途中で進路を変更した選手、中高生の選手や大学生の選手、社会人選手に至るまで、彼らの話の中にはいつも暴力の空気が流れていた。法律的にみれば加害者をすぐに拘束して重罪に処さなければならないひどい暴力被害の経験にもかかわらず、すべて昔話だと結論づけるのを聞きながら、身震いしたことが何度もあった。あまりにも蔓延していて、当然だと思われている暴力。おかげで身についた根気、おかげで取れたメダル、おかげで入れた大学、おかげでなれた国家代表、のように暴力を美化したり合理化したりするいくつもの論理。スポーツ分野の暴力はもう全部昔話だという根拠なき確信が堂々とグラウンドを横切っているみたいだった。そういう時、私は静かにつぶやいた。「昔の話ならもう大丈夫なのだろうか?」。

調査官として働きながら拷問、自殺、性暴力などどうしても文章にすることがつらい事件をいくつか扱ってきたが、スポーツ分野の人権侵害事件のようにつらくはなかった。不幸なことだが、被害者はいつも踏みにじられ、大きな事件が起きた後、やっとあちこちから対策が次々と発表される。多くの対策は空振りで終わるが、そのなかである対策はそれなりに力を発揮し、時間と共にその分野の人権を改善する結果を作り出す。こういう小さな変化が人々を絶えず前進させる力の源となる。ところが多くの事件や事故を経て、選手たちが命をかけて、勇気を出して告発したにもかかわらず、スポーツ業界の変化はあまり感じられない。原因はいろいろあるだろうが、この分野の実態を知るうちに、スポーツ界の底辺にある、限りなく暴力に寛大な文化が重要な理由の一つではないかと思うようになった。

元国家代表だった選手をインタビューした時だった。三十代のその選手は、二十代の頃から指導者に受けた暴力の事例を何でもないかのように聞かせてくれた。モップの棒が何本も折れるほど叩かれて歩けないのが日常だったと笑った。時間が過ぎたから笑って話せるのかもしれないが、当時はきつくなかったのかと聞くと、その選手はもっと大きく笑いながら言った。「私は体力があるから、耐えられました。一番殴った指導者のところに今も正月やお盆にあいさつに行きますよ」。

類似の話はスポーツ分野の人権侵害を調査しながら、幾度となく聞いた。「朝起きると額に、ナイキのロゴが鮮明に残っていました。スリッパの裏にロゴが入っていて、スリッパで叩かれると跡が残るんです」。そういう口述のあとには「全部昔話です。今は指一本触れちゃダメですから」という話が続いた。大人の選手だけがこう言うのではなかった。二〇二〇年に公立の体育中学校に通う生徒たちを深層面接法により調査した時にも、少年たちは同じようなことを語った。「小学生の頃は本当にたくさん殴られました。殴られるのは嫌ですが、殴られると成績が上がるので。だけど今は大丈夫です。急に全部よくなりました」。今はよくなったという選手の話が事実であることを誰よりも願ったが、そういう話を聞くたびに不安になった。暴力をどうすることもできない、不可避なものと認識している限り、それは潜伏期のウイルスのように、免疫が落ちたらいつでも蘇ることを知っているからだ。

二〇一九年に、ある種目の成人スポーツ選手三十人を対象にフォトエッセイインタビューを行った。フォトエッセイインタビューはその名の通り、参加者たちが撮った写真を通してインタビューを進めるものだった。参加者たちに使い捨てカメラを渡し、一週間、暴力を受けた経験と関連があると思うものや瞬間を撮って送ってほしいと頼んだ（使い捨てカメラを使用するのは任意で写真を削除したり編集したりするのを防止するためだ）。写真を見ると二十七枚の写真のうち少なくとも一、二枚には率直な気持ちが表れると、この分野の研究者は言う。

実際に現像された数百枚の写真の山の中で、本音が感じられる写真はすぐに目についた。野球のバット、錠前、ストップウォッチ、ロッカールーム、誰もいない運動場、カーテンで隠された部屋、マンション団地内に捨てられた自転車たち……暴力を受けた経験を静かに、真摯に凝視した瞬間が写真にそのまま残っていた。暴力の道具となったものが写っていることもあり、暴力を受けたときの心理状態や過度な訓練で消耗した肉体と心を象徴する写真も多かった。監禁され暴行された記憶の代わりに錠前を撮ってきた選手はこう話した。「コーチが外から誰も入れないようにして私を……暴力は……心の重荷で、棘のように刺さっています。殴られるのが嫌で、怖いから大変でも我慢する……小さい頃に叩かれると、ある程度実力も伸びるみたいです」。

この十年の間で暴力に対する社会の平均的な感受性は目に見えてよくなった。兵士の人権を語ると「人権のせいで訓練ができない」とか、スポーツにおける暴力は「金メダルを取るために不可欠だ」という論理であからさまに暴力を擁護できない時代となった。軍隊内の暴力問題を扱ったNetflixのドラマ『D.P.』が話題となるのを見て、私たちが過去に経験したことがどれほど野蛮で暴力的だったかをいまさらながら改めてみんなが気づき、ハッとしているのではないかと思ったことがある。このドラマの原作漫画家であり脚本も書いたキム・ボトンさんは自身のSNSを通して「『D.P.』は『いまはよくなった』という忘却の幽霊と戦うために作った」と話した。

兵営で、訓練場で、どの場所でもどんな理由でも、暴力は暴力でしかない。暴力が美化されず昔話として葬られない安全なグラウンドが私たちには必要だ。誰でも恐れずに精一杯楽しくスポーツができる日まで、苦痛でも暴力の経験が真正面から凝視され、より真摯に語られることを願う。私は調査官としてより多くの選手をインタビューし、その言葉を数珠のように結って世界中に見せたい。私たちが心から応援しているのは暴力のシミがついたメダルではなく、運動場に立っている人間であることを伝えたい。

絶対にそうしない人はいない

性暴力事件の被陳情人は社会的、経済的、文化的に「うまくいっている」人の場合が多い。上下関係で起きる性暴力事件の特性上、当然のことだが、このような権力の差は事件が通報された後にも様々な意味で被害者にとって不利でしかない。さらに被陳情人が普段から評判のいい人だと、被害者はより不利な立場に立たされる。性暴力事件は直接的な証拠より、間接的な証拠に依存しなければならない場合が多く、事実関係を把握するとき、当事者の周りの人物や関係者たちの陳述が重要な参考となる。ところが被陳情人がいい上司、魅力あふれる同僚、温かい先輩として認められている場合、多くの人がよく「彼は絶対にそんなことをする人ではない」と簡単に言う。

誰でも信頼を裏切られるのを好まないから、そう信じたいのは自然なことかもしれない。しかし本音はどうであれ、それを発話するのはまた違った次元の問題ではないだろうか。性暴力事件を調査しながら「絶対」という信頼を裏切る事例を数多く見てきたし、それは性暴力事件を調査することの大きな苦しみの一つだった。

とある会社で起きた性暴力事件を調査していたときだった。二十代後半の新入社員が夕方の会食後、課長とカラオケに行った際、性暴力（セクハラ）被害に遭った事件だった。ところがこの課長が前述したようないい先輩、温かい上司、魅力あふれる人間という評判のいい人物だった。事件の状況や強制わいせつの過程で破れた被害者の服、事件直後に被害者が受けた謝罪のメッセージなど、当日に強制わいせつの行為があったという証拠が調査過程で明らかになった。しかし調査が進めば進むほど被害者の主張を疑う周りの同僚の陳述と嘆願が増えていった。特に自他ともに被害者と最も親しいと認める同僚でさえ、彼女が妄想の症状のある患者かもしれないと言って、私を混乱させた。

「普段から〇〇さんが課長を好きだったんです」「夫と仲が悪くて離婚したいとよく言っていました」「気が小さく内向的で、会社生活にあまり馴染めなかったのを課長が配慮してくれたんです」「うつ病という噂は事実みたいです」「妄想でもしているんじゃないですか。課長はそんな方ではないんです、本当に」。

被害者にうつの症状があり、夫と葛藤があったこと、彼女の性格が内気で、しかも業務遂行能力が劣るというのがたとえすべて事実だとしても、それらはあの日の夜、カラオケで起きた課長の強制わいせつ行為の立証とは関係がない。同じく課長が名門大学出身で有能で女性社員に対しマナーがいい人であるのも、被害者が妄想の症状がある患者だという証拠にはならない。それでも課長のことが好きだった多くの社員が、彼の普段の姿を基準に「彼は絶対にそういう人ではない」と主張し、その信念を守るために被害者を疑った。「絶対にそんな人ではない」という信頼を空しく壊す数多くの事実にもかかわらず、自分たちが信じていた人をずっと信じていたいみたいだった。

被害者に対する周りの人々のこのような陳述は、当然被害者に不利に作用する。人権委の調査後、捜査や裁判の手続きに回される場合はさらにそうだ。被害者が精神科の薬を服用したのは不眠症のせいで妄想性障害とは何の関係もないにもかかわらず、被害者が精神科に通っていた事実が明らかになると、彼女が片思いをしていた課長に対し妄想に陥って起こした事件だと信じる同僚が増えていった。事件の直後に課長が被害者に送ったメッセージから状況が推定できなかったら、調査官である私でさえ事実関係に対する信頼が揺らいだかもしれない。

この過程で被害者に不利な参考人が登場した。参考人は性暴力事件の直後、被害者の電話をもらってカラオケの近くに来て、加害者を家まで送った代理の運転手だった。加害者は被害者が代理の運転手を呼んだ事実を盾にこう主張した。「もしもカラオケで性暴力を受けたなら、被害者が私のために代理の運転手を呼んだでしょうか」。

「絶対にそんな人ではない」が「加害者らしさ」に関することなら、「被害者がどうしてそうなのか」は「被害者らしさ」に関することだ。違った形の偏見だが、結局両方とも被害者にとって不利に作用する。性暴力被害者が積極的に通報して被害を克明に訴えても、反対に被害を隠して後から通報しても、真実かどうか疑われる理由となる。

被害者たちは時々、善良な心ゆえ被害者らしくないと思われることもある。「代理の運転手をなぜ呼んだんですか」「私にもよくわかりません。カラオケから飛び出したら課長があとからついてきたんです。それからふらつく足で駐車場に向かっていたんですが、酔っていたので運転をしたら大変だと思いました。だから代理の運転手にすぐ電話をして車の場所を伝えて、早く来てほしいと言っただけです。交通事故が起きても知らないと思って、放っておけばよかったのでしょうか」。被害者の話を聞いて、私は彼女が本当に善良で勇敢な人だと思った。善良な心のせいで被害の事実が疑われるようなことはあってはならなかった。

私は悩んだ末、当事者尋問をすることにした。性暴力事件の当事者尋問は二次被害の心配があって、非常に慎重に決定すべき事件だが、この時点で調査を終えれば、調査結果は被害者に明らかに不利なことが目に見えていた。加害者がたとえ性暴力を犯したとしても、彼の同僚らが信じている素晴らしい姿まで失われていないことを願ったのかもしれない。同僚たちが話した彼のいいところの全部が偽善でなければ、当事者尋問で最後まで事実を否認することはしないだろうという期待のようなものがあった。幸い被害者と加害者、両方とも当事者尋問に同意した。

狭い調査室の代わりに会議室に仮調査室を作った。事務所用のパーテーションを借りて空間を分離し、当事者たちは声は聞こえるが顔は見られないような措置を行った。五時間近くかかった調査で当事者はもちろん調査官も疲れてきたころ、加害者の心に動揺が出始めた。私は後回しにしておいた質問を投げかけた。

「課長はカラオケで性暴力があったなら、被害者が代理の運転手を呼んだはずがないのではないかと言いましたね。私は課長がその答えを知っていると思っています。被害者が代理の運転手を呼んでくれた本当の理由を知らないですか」

長い沈黙とため息の末、彼が震える声で話した。「申し訳ありません。すべてを認めます。私がやりました。本当にごめんなさい」。真実はそうやって急に姿を現した。淡々とした態度で調査を受けていた被害者が、水中でずっと耐えていた息を一気に吐き出すかのように長い息を吐いた。

この事件は示談金の支払いと加害者が会社を去ることで合意した。当事者が合意すれば事件は終結するという調査規定によって事件は終わり、真実は静かに秘密の闇に葬られた。「絶対にそんなことをする人ではない」という、会社の同僚たちの加害者に対する「神話」は相変わらず続く可能性がなくはない。

問題となった事件を判断するとき、具体的事実に根拠を求めず、「そんなことをする人ではない」と信じる漠然とした考えに頼ることは、真実を明らかにするときに何の役にも立たない。これは性暴力加害者だけに適用される問題ではなく、被害を主張する人を判断するときも同様だ。私たちは数十、または数百の顔を持って生きている。一日のうちにも何度も顔を変える。それは偽りとは違うようだ。立たされた立場のために仕方なく、ある顔を隠したり表したりするのはごく当然のことだから。それに人間とは元来矛盾の塊ではないだろうか。私が数多くの私の顔の中である一つを状況別に他人に見せるように、加害者もそして被害者も、数多くの顔の中の一つを状況に応じて表すかもしれない。ある顔に頼って誰かを絶対にそうしない人、または当然そうする人だというのは、少なくとも人権を扱う仕事では危険すぎることである。

そして誰も責任を取らなかった

二〇一七年、キム・テユン監督の映画『再審』が封切となった。この映画は悔しくも殺人事件の冤罪で十年も獄中生活を送った被害者と、その事件の再審を担当した弁護士の実話が背景となった。映画では被害者を絵の才能がある賢い少年として再構成しているが、実際の被害者は知能がやや低く、バイクで喫茶店の配達をしながら生計を立てていた少年だった。

二〇〇〇年八月、当時十五歳だった少年は殺人事件の目撃者から一転して殺人の被疑者として拘束され、懲役十年の刑を受けた。暴行と過酷行為（身体的、精神的に耐えがたい苦痛を与える行為）で十五歳の知的障害の少年から虚偽の自白を引き出すことは、熟練した刑事たちにはハエ一匹を捕まえるくらい簡単なことだったかもしれない。刑事たちは彼らなりの「完璧な」偽の証拠を作り上げたが、再審の過程で出たそれらの証拠は粗末なものだった。捜査を指揮した検事や裁判を進行した判事が捜査記録をきちんと確認していたら、おかしな点を簡単に見つけただろう。

　そうして永遠に真実が葬られそうだった事件は、二〇〇三年に意外な局面を迎える。ある刑事が捜査中に殺人事件の真犯人を見つけたのだった。いくつかのメディアを通して真犯人の自白も明らかになった。真犯人を見つけた刑事は即時に新しい捜査を開始し、検察に逮捕令状請求を要請したが、担当検事は裁判所に令状請求をせず（刑事訴訟法の規定によって担当検事だけが裁判所に逮捕令状を請求できる）、真犯人を「嫌疑なし」と不起訴処分とした。検察は真犯人の捜査で自分たちの間違いが明らかになることを望んでいなかったのだろうか。「十人の真犯人を逃すとも、一人の無辜を罰するなかれ」という格言とは正反対のことが起きた。十人の「真犯人」が一つになって一人の無実の人をさらに悔しくさせたのだ。そうやって真犯人はあえなく放免となり、少年はそれから七年の間、懲役を勤め、二〇一〇年に出所した。

　十五歳だった少年はいつの間にか二十五歳になっていた。しかし国家の暴力はそこで止まらなかった。勤労福祉公団（日本の厚生労働省にあたる雇用労働部傘下の公的機関。雇用保険などを管理し、労災や賃金未払いなどの仲裁を行い、労災の補償やリハビリなども担当している。企業と労働者の間を取り持ち、労働者の福祉を支援する）は一億四千万ウォンの賠償金と利子を少年に請求したのだ。少年にとってそのお金は十年の懲役と同じくらい、自分の力ではどうにもならないものだった。なんとか生きようとしていた少年に、国家はまったくおかしな方向から徹底して厳しかった。

　この事件のように無実の人が冤罪で長い間懲役に服す話は思ったより多い。国際社会の非難にもかかわらず、依然として死刑が執行される米国では、死刑が執行されたあとに真犯人が捕まる、言いようのない悲劇的な事件が発生したりもする（大韓民国は法律的には死刑制度が維持されているが、一九九七年十二月に最後の死刑執行がされて以来、一度も執行されたことがなく、国際的には「実質的な死刑廃止国」だ）。捜査や裁判も人間のやることだから完璧とはいえないが、映画『再審』の物語は、どうすることもできない誤審や誤謬のせいで起きたことではないという点が重要だ。この悲劇的な事件は、本来自分たちがすべきことと正反対のことをした警察や、検事、判事、国選弁護人による違法と無責任と無能力がもたらした総合的な結果だった。

ここまでは映画や時事番組、本（パク・サンギュ、パク・ジュニョン『遅延された正義』フマニタス、二〇一六）、ニュースなどを通して社会に比較的詳しく知られた。しかし私の職場である人権委もやはり十五歳の少年にしでかした国家暴力に一役買っていたという恥ずかしい事実を、率直に明らかにしたい。

二〇〇三年に殺人事件の真犯人が逮捕されたとのメディアの報道を見た人権活動家が、少年を被害者として人権委に陳情した（人権委法によって、人権侵害の事実を知っている人なら誰でも被害者に代わって陳情できる。人権委は重要事件の「公益通報者」に補償金を支給する）。この事件は検察捜査官出身の調査官が担当することになった。検察庁で長く捜査官として働いてきた彼は、簡単に捜査上の問題を見抜いたようだった。過去に所属していた機関とはまったく異なる人権委の自由奔放な雰囲気のせいでうまく適応せずにいた彼だったが、ある日から熱心に捜査と裁判の記録を精読し、ため息を吐《つ》きながら吐き出した言葉が今も鮮明によみがえる。

「これは本当にめちゃくちゃに絡み合った事件だ」

当時は「過酷行為と拷問による人権侵害」とのタイトルがついた「絡み合った」陳情事件が、調査官のキャビネットにいっぱいだった。長い捜査経験により培われた確固たる実力と経験値を持った人の一言だったが、私は自分の事件処理に追われていて、漠然と彼がちゃんと解決することを信じ、詳しく知ろうとしなかった。しかし、その調査官はその年の年末に静かに別の機関に移り、少年の事件は陳情を受け付けてから一年が過ぎた時点で他の調査官に移管された。

私のようなひよっこ調査官がほとんどだった調査局で、数少ないベテラン調査官だった新しい担当者は至急事件を整理し、小委員会に報告した。被害者の捜査と裁判記録、真犯人の逮捕状況などを総合すると、過酷行為や拷問による虚偽自白の蓋然性が明白だから「調査継続」を決定してほしいとの趣旨だった（人権委法によって陳情事件が発生してから一年が過ぎた事件は、人権委員の「調査継続」決定をもって調査を続けることができる）。しかし、人権委員たちはこの事件について「調査継続」の決定を下さなかった。事件を一年近く「放置」していて、遅ればせに調査をするというのは法の原則に沿わないとの論理を持ち出し、調査継続を却下した。調査の手続きをきちんと守らなかった調査局の間違いは懲戒を下してでも正すべきことであり、それが真相究明にそっぽを向く理由にはならなかった。誰よりも前に出て行って事件の真相を究明しなければならない人権委員が、法の原則を持ち出して被害者の悔しさを無視した。

小委員会での報告を終えて調査局に戻ってきた私たちはみんな沈黙し、間違いを正すために何の努力もしなかった。翌日にでも人権委員の元を訪れ、もう一度考えてほしいと言えばよかったのに、どうしてしなかったのか、今も後悔がつのる。お酒の席で悪口を言って良心の呵責を薄れさせる代わりに、他の方法を見つけることはできたはずだ。被害者のところに行って陳情書をもう一度出すように案内したり、メディアや人権団体にこのような事情を告発したりしてもよかったのに、何もしなかった。

歴史は一度は悲劇で、一度は喜劇で繰り返されるという言葉がある。それからまた十年近く年が過ぎた二〇一三年、ある弁護士が裁判所にこの事件の再審を請求してから人権委に助けを求めた（人権委は人権の保護と向上に重大な影響を与える裁判の場合、裁判所に意見を提出できる権限を有している）。

解任された教師で、労働運動をしていて四十歳を過ぎてから司法試験に合格し、人権委調査官になったKがこの事件を担当した。Kは間違った国家権力の犠牲者たちのために働くことができる唯一無二の機関である人権委を自分の「夢の職場」などと話したりしていた。再審の必要性について丁寧かつ誠実に、そして法律的に隙がなく構成された「意見表明検討報告書」が全員委員会（人権委の委員全員が参加する委員会のこと。委員長一名、常任委員三名、非常任委員七名、計十一名の人権委員で構成される）に提出された。しかし、全員委員会は意見表明を決定せず、事件を棄却した。元裁判官出身の人権委員一人が最も積極的に意見表明に反対した。

Kは機会あるごとにその日の全員委員会の光景を説明しながら憤怒した。「意見提出に反対します。最近社会的に問題となっている再審事件を特定の弁護士が代理していますが、人権委が再審事件で継続して意見を出すとしたら、これは人権委が特定の弁護士の代理人の役割を果たしているのと同じです」。一人の委員のこの意見に反対する人権委員はおらず、満場一致でこの事件は棄却された。こうしてこの事件の歴史は人権委で二度も悲劇に終わった。

この事件の被害者は再審を経て二〇一六年に無罪を宣告された。その間十五歳だった少年は三十一歳になっていた。ソウル中央地方裁判所は、二〇二一年に被害者と家族に十六億ウォンの賠償金を支払うように決定し、賠償金の一部を担当警察と真犯人を不起訴処分にした検事が負担するよう判決を下した。大韓民国司法の歴史上、スパイ疑惑のような時局事件ではない一般の犯罪事件で再審が決まり、無罪が確定されたケースはどのくらいあるだろうか。正確な統計はわからないが、私たちがマスコミの報道を通して知っている事件以外はほとんどないだろう。これは国家暴力が作った地獄から個人が脱出することがどれほど困難なことかを傍証する。

再審判決以後、ある発表会場で被害者を見たことがある。彼は花束を持って明るく笑っていた。近づいて話したかったが、何を言えばいいかわからなかった。手遅れの正義が正義ではないように、手遅れの告白は告白ではない。ただ、同じようなことが二度と繰り返されないことを願って、後悔の気持ちだけは記録として残しておきたい。

最低賃金をもらいながら耐えた言葉たち

職場での人権をテーマに二十代の青年たちと話す機会があった。あらゆる競争とスペックを積むための厳しい過程を経て、やっと入った職場で彼らが耐えなければならなかったことが溢れでた。

Tは大学生活中ずっとバイトをして生活費を稼ぎ、卒業して数千万ウォンの奨学金を返さなければならなくなった。卒業と同時にアニメーション専攻を活かし、そこそこ名の知れた企業に就職したが、そこでもバイトをしていたときに聞いたのと同じ話を相変わらず聞いた。毎日終電まで死ぬ気で働いても「お前らのせいで仕事が遅れて、本社からの支払いが遅れている」という見下した、屈辱的な話を聞くのが日常茶飯事だった。下請け業者が倒産して納品が遅れたのに、責任はピラミッドの末端にいる新入社員に負わされたりした。

「私の年俸は二千万ウォンくらいでした。他の新入社員より二百万ウォンくらい高かった方ですが、手当なしで働いた残業時間を入れたら、最低賃金にも満たない時給でした。ところがそれでもその会社を離れたら、競争に負けて、また就職するのは難しそうで、なかなか辞めることができませんでした」

毎日毎日「お前じゃなくても働く人はいくらでもいる」という話を聞いていたら、本当にそんな気がしてきて、プライドは日に日に地に落ちた。先輩たちも「履歴書に経歴として書きたいなら一年以上は働かなきゃならない」と言った。一年以内に辞めたら忍耐力が足りないか、社会性に問題がある人と評価されるのだと。しかしどんなに心を落ち着かせて頑張ろうと思っても、体が耐えられず、精神科の薬を飲んで、何とか持ちこたえた。ある日、このままでは死ぬかもしれないという恐怖が、他の仕事を見つけられないかもしれないという恐怖よりも大きくなったとき、ついに辞表を出した。辞表に過労と賃金滞納のせいで退職すると書いたら、父親より年上の社長に窓ガラスが割れそうな大声で罵倒された。「私には働かない権利もないみたいでした」。

芸術学校でバイオリンを専攻したKは留学を目前にしていた。音楽専攻で留学直前だというと箱入り娘のように見えるが、実際は彼女は若い頃からバイトをしてきて、経験豊富だった。

「バイオリン奏者だというと、簡単にバイトをしてお金もたくさん稼げるんだと思われます。昔はそうだったかもしれませんが、今は違うんです。専攻している人も多いし、弦楽器はマシなほうですが、ピアノ奏者の場合はもっとひどいです。結婚式のようなイベントで演奏をしても一件で一万ウォンくらいのときもあるそうです。一日中、あちこちイベントを飛び回らないと日当らしい日当は稼げないんです。頑張ったのにお金を払わない業者もあると先輩たちに聞きました。私の教授の紹介で、十万ウォンだと言われて行ったのに、六万ウォンしかもらえなかったこともあるんです」

一度はイベントの演奏料が数か月も入金されず、確認してみると横取りしていた人がいた。教授の知人だった彼はKに謝罪するどころか、むしろどうしてあちこちに連絡して恥をかかせたのかと怒ったという。

Kはカフェで働きながらいろんな種類の人間に出会ったと打ち明けた。『若そうに見えるという理由で、無条件にタメ口で話されるんです。コーヒーの注文に対してアイスかホットかを尋ねると『こんな天気なのに、あったかいものが飲みたいと思うか？』とか言うんです」。客が多い店ほどバイト仲間の間の葛藤も多いという。「バイト仲間はみんな疲れているから、お互い似たような状況だけど、優しくすることはありません」。バイトを辞めると言ったとき、罵声を浴びせたのはオーナーではなく同僚のバイト仲間だった。「すぐに次のバイトを採用しないと、自分たちの仕事が増えるからです」。

職場で起きた性的な被害は誰にも言えなかったという。「居酒屋で明け方までバイトをしている友達は、営業時間が終わったあとも社長が帰らせてくれないんだそうです。居酒屋を閉めてから二人で一杯飲もうと……終電に乗ると言ったら、タクシー代を出す、バイト代に追加して残業代を払うからお酒を飲もうと言うそうです。社長にはぞっとするけど、居酒屋は働きやすいし、時給もいいので辞められないんだそうです」「歳が父親くらいの支店長が、自分のことを『オッパ』（「お兄さん」の意だが、恋人を呼ぶ際に使われる）と呼んでほしいって。一度、傘が刺さって指から血が出たことがあったんですが、急に近づいてきて『オッパが舐めてあげるから』と言うんです」「優しいふりをして、自分のことを『おじさん』と呼ぶ先輩がいました。最初は好感を抱いていたし、親切にしてくれるから感謝していました。ところが私がコーヒーを飲みに行くとすぐについてきて話しかけてきて、仕事の決裁も私が行かないとやってくれなくなって……そういう雰囲気が作られると、難しい決裁があると社員みんなが私を頼るんです。君が行けば決裁してもらえるからと。会食のときも先輩が私のことばかり気にしているから、二人がまるで付き合っているみたいな雰囲気、そういう感じになるんです。あの人は妻子持ちで、私より十歳以上も年上だったのに」。

　私もやはり社会人になって同じようなセクハラを見たり受けたりした。最初の職場の社長はキャバクラに女性職員を呼んだ。ある会食の席では男性上司の湿っぽい手のひらが私の太ももの上に載せられたが、何も言えなかった。こういう経験は二十世紀の古臭い話に留まってほしかったが、二十一世紀の青年たちから似たような物語を聞くことになるとは想像もしなかった。社会は変わったと、それでもよくなったと思うのは、大人世代の錯覚だろうか。

青年たちは私が人権委の調査官との理由で胸の内を明かしてくれたが、私は単に黙々と聞くことしかできなかった。この日私に話をしてくれた青年のなかで誰一人、違法な働かせ方やセクハラで会社を訴えた人はいなかった。彼らの唯一の選択はただ静かに職場を辞めることとだった。

社会疫学の研究者であるキム・スンソプは『痛みが道しるべになるには』で、人権侵害と差別の苦痛がどのように人を苦しませるか、科学的統計と研究資料で証明して見せた。「言えない傷」はどこかに消えるわけではなく、「魚のうろこに海水がしみ込むように」徐々に広がっていくと語る。労働者が日々受ける差別は人に痛みをもたらす。差別を受けた人はそうでない人に比べて健康を損ないがちであるのはもちろん、その中でも差別経験を認知できなかったり、他人に言えなかったりする集団（主に女性）のほうが、より痛みを抱えることが確認された。多文化家庭の青少年を対象にした校内暴力の経験とうつ症状との関連性に関する研究でも、似たような結果が出た。学校で暴力を受けても「何も考えずにそのままにしておいた」と言った男子生徒たちがどんな集団よりも高いうつ症状の有病率を示した。

「つらいから青春だ」（キム・ナンドの著書『つらいから青春だ』がミリオンセラーとなり、若者の苦しみを表現する際に使われるようになった）と苦痛を克服し、競争で勝つことが美徳として称賛される社会で、青年たちは静かに苦痛を体に刻んでいるのではないだろうか。三十歳以下の死亡原因の一位が自殺という直視したくない統計がこれを証明するかのようだ。二〇一九年から勤労基準法に「職場内のいじめの禁止」条項ができたが、「労働」が依然として「勤労」と表現されることに、この法の限界を垣間見ることができる。勤勉に黙々と耐えながら働くのが普通の社会生活だとされる世の中で、ハラスメントはすぐに気づく形では表われず、気づいても訴えることは難しいだろう。

今日も図書館と習い事、バイトを忙しく行き来する青年たち。彼らはどこにも吐き出せなかった話ができてすっきりしたと言いながら、逆に私を慰めてくれた。そしてインタビュー後に、静かにこう尋ねた。

「これって本当に間違ってますよね？　それなのに、どうして誰も私たちに謝罪しないんですか？」

私は恥ずかしさを宿題のように抱きかかえて家に帰った。

囚人の白い手

刑務所にいる陳情人に会うたび、彼らの手をじっくり見る癖がある。刑務所の外での人生はそれぞれ違っただろう。ある者は言及するのも憚られる罪を犯し、ある者はわずかな罰金が支払えず囚人となったが、彼らの手は不思議なほど似ている。手の甲の血管が青く浮き出るほど白く、爪はきれいに整えられている。労働を少しの間猶予され、刑務所で日差しを十分に浴びていないからだろう。悪行をなす人を見てよく「汚い手」をしているというが、実際に刑務所で見た囚人の手は、そういう比喩とはまったく異なっていた。囚人の手はまるで、法を犯した人がみんな悪人というわけではないとの事実を思い出させてくれた。

私が出会った人の中で最も多くの前科がついていた老人の手も白くきれいだった。十代の頃に窃盗で初めて逮捕され、六か月または一年くらいの短い休息期間（？）を置いて、同じような犯罪を重ねた前科の記録はほぼ三十に近かった。拘束されていた期間を通算すると、老人は成人になってから事実上、人生のほとんどを刑務所で暮らしていた。かなり昔、シン・ヨンボク先生[*6]（目上の人や年長者に対して韓国でよく使われる呼称）が大田《テジョン》刑務所にいるとき、自分も一緒だったと自慢しながら笑っていた老人。髪の毛は真っ白で、歯がぐらぐらの、本当の年よりずいぶんと老けてみえる人だった。

彼の要請内容は、事件として受け付けるにはあまりにも簡単な民願事項だったので、刑務官に「報告届」（受刑者が刑務所に提出する民願の書類）を提出すれば解決できる問題だった。最大限わかりやすく報告届の提出方法などを伝え、陳情としては受け付けないと説明した。彼の華麗なる（？）経歴を考えたら、刑務所の中でできるいくつかの民願解決の手続きを知らないとは思えなかったが、調査官に会って相談をしながら時間を過ごしたかったのかもしれないと思った。説明を終えた後、人権委に陳情する意思がないという確認書を書いてほしいと言ったとき、老人の瞳が非常に不安そうに揺れるのが感じられた。

「調査官が代わりに書いてほしいのですが」。私は老人に可能な限り、自分で確認書を書いて署名をしなければならない理由を説明したが、老人は聞き入れず、代わりに書いてほしいと繰り返した。あとから調査官が陳情を受け入れてくれなかったとか、民願で終わらせることに同意したことはないと駄々をこねる人もいるから、できるだけサイン入りの確認書をもらう必要があった。事情は言わず確認書を代わりに書いてほしいと言う老人を説得していて、ふと、もしかしてと思って、遠慮深く聞いた。

「先生、もしかして文字が書けないのですか」

私の急な質問を受けてしばらく沈黙を守っていた老人は、恥ずかしいが文字の読み書きができないとうなずいた。もしやと思って聞いただけだったが、本当に文字を知らないという答えが返ってくるとは思ってもいなかった。自分は読み書きができないと明かさなければならなかった老人ほどではなかっただろうが、私もやはりひどくまごついた。一生を刑務所で過ごしていれば、文字を学ぶ機会がまったくなかったとは思えないが……。私はやっと、彼が小さな問題で人権委に「面前陳情」を申し込んだ理由を少し理解できた。人権委は陳情書を書くのが難しい受刑者が調査官を呼んで陳情ができるように、面前陳情制度を設けている。しかし書面で陳情書を提出しづらいからではなく、自身の便宜のために、または少し「風に当たりたくて」面前陳情申請をする人も多く、私はこの制度が廃止されなければならないと考えていた。本当に文字がわからず、調査官の面前で話すしか方法のない人に出会ったのはそのときが初めてだった。

刑務所の外ではもちろん、拘束されて閉じ込められた状態で捜査と裁判を受けなければならない人が文字を知らないのは不便なだけではなく、自己防衛するうえであまりにも致命的だ。捜査と裁判は法の世界で、その法はすべて文字から成り立っている。文字を知らないということは道路標識が読めずに運転をしているのと同じだ。行きたい目的地に無事に到達する可能性がほぼないということだ。国選弁護人制度があっても、あの膨大な捜査書類、告訴状、判決文を弁護人は彼にいちいち読んであげてはいないだろう。被害者と合意したり、善処をお願いしたり、謝罪をしたりすることはほぼ不可能ではなかっただろうか。文字の外の人間は、文字で成り立つ法の世界でより過酷な罰を受ける可能性が当然高くなる。老人の華麗なる（？）前科の一部は、もしかして読み書きができなかったからではなかっただろうか。

「これからでも文字を覚えるつもりはありませんか」（この質問がどれだけ失礼なものだったかは、その後に気づいた）。老人は躊躇しながら答えた、「字を学ぼうと思ったことはないですが、これから学んでみます。ごめんなさい。申し訳ない」。老人は何度も謝罪した。字を知らないことが私に謝るべきことだと考えているのだろうか。刑務所で人生を送る間、字を知らないとの理由で、彼がどれだけ謝罪してきたのだろうと想像すると唖然とした。字を学んだ方がいいと言い、あたふたと逃げるように面談を終えた。老人と面談を終えたあと、担当刑務官に会ったが、彼も老人が字を知らないことをよく知っていた。刑務官は字を知らなくても刑務所では大丈夫だ、刑務官が助けてくれて、同僚の受刑者も周りで助けてくれると言った。私はその話が本当であることを心から願った。字を知らないことがまるで罪ででもあるかのように頭を下げたあの老人の人生に、字を学ぶ機会は果たしてやってくるだろうか。

数年前、ある調査のために全国の刑務所を回りながらアンケートをした。無作為に選ばれた男性受刑者三十人程度が刑務所の講堂に集まったが、あえて高齢者だけを選んだかのように老人が多かった。青い囚人服を着ていなかったら、近所の老人会館を訪問したのではないかと勘違いしそうだった。アンケート用紙を配布したところ、数人が手を挙げて助けを求めた。手が震えて書けない、目がしょぼしょぼして読めないという理由だった。あとで回収したアンケートを分析しながら、助けが必要な人がそれよりずっと多いことを知った。答えるのが面倒で適当に書いたり、騙そうとしたりしているのではなく、文章を理解できずに想定外の答えを選んだように見えるアンケートが何枚も発見された。読解力が低く、事実上読み書きが難しい人がこんなにいるとは。前科の多い老人を長い間忘れられなかったのは、私は彼が字が読めないことを特別な事例だと考えていたからだ。もしかしたら、刑務所における識字率の低さは昔も今もそれほど変わらないかもしれない。

＊6 一九四一—二〇一六。経済学者、文学者。一九六八年「統一革命党事件」（共産主義を信奉し、北との統一を狙った行動をしたとして百五十人以上が逮捕されたが、拷問などで自白をさせられたと証言した者も多く、二〇二四年五月に真実和解委員会は拷問の事実があったことを明らかにした）に巻き込まれ、無期懲役となり、二十年間の獄中生活を送った。当時家族に送った書簡が一九八八年『監獄からの思索』として出版され、販売部数は三十五万部以上。

最後の嘘

その陳情人は特注で作られた超大型麦わら帽子をかぶってやってきた。彼は空から落ちてくる毒物の攻撃を避けるためにつばの広さが一メートルを超える帽子を常にかぶっていなければならず、家の外では水や食べ物も好きに摂れないと言った。そしてこういう緻密な(?)攻撃は政府機関でなければできないことだから、加害者を探してほしいと訴えた。典型的な妄想の症状だと思ったが、まずは真剣に話を聞いてから家族と相談するようにと勧めた。すると彼は自分の妻が調査室の下の一階で待っていると言い、すぐに呼んできて一緒に話そうと言った。しばらくして調査室に入ってきた彼の妻を見て、開いた口がふさがらなかった。妻もまた同じような形の超大型帽子をかぶっていた。夫の言葉が全部事実なら助けを要請すべきではないだろうか。理解するふりをして家族に相談するよう提案した私は、心が乱れ、心配になり始めた。

人権委には麦わら帽子夫婦のように「特別な嘘」タイプの陳情も多く来る。人権委法では陳情が明確な嘘に該当する場合、調査せず事件を終結するようになっているが、明白な嘘だという根拠を当事者に説明するのは、かなり難しいことだ。「私には生々しい現実なのに、どうしてこれが嘘だと言うのですか」と問い詰められると「常識的に見てそう判断されます」と説明するわけにはいかないのだ。何かを真実だと信じている人にそれが嘘だと証明するのは不可能に近い。だから調査官も「嘘」をつく。陳情内容が明白な嘘だと告げる代わりに「調査をしたが、加害者がどんな人権侵害を犯したか明らかにする証拠を見つけられませんでした」と言うのである。陳情人との葛藤を避けるために次善策として嘘をつくのだが、証拠を見つけられなかったというのも完全に間違いではないから。

調査官として事実関係を調査するのは嘘に慣れることでもある。イスラエルの歴史学者、ユヴァル・ノア・ハラリは『サピエンス全史』で虚構を作り上げる能力、すなわち嘘をつく能力がサピエンス種を地球の支配者にしたと説明した。存在しないことを想像し、その虚構の世界を実在すると信じるこの特別な能力を、調査官の私は日々確認しているのである。

調査をしながら出会った多くの人々は、数々の理由で嘘をついた。ある人は利益を得るために、間違いを隠して巧妙な嘘をついた。またある人は特に意図や目的もなく、ただ面倒だから「見なかった」と嘘をついた。記憶の歪曲により結果的に嘘になったものにもよく出会った。ある人たちは自分の記憶が監視カメラや録音の内容と異なると、不完全な記憶を疑うより、「私ははっきり見た」と言い、記録が操作されたと主張した。人間の不完全な記憶に自己欺瞞や偶然の状況まで重なると、嘘と事実の境界はずっと曖昧になる。調査官の経験が増えるほど、利害関係者の話がどんなに真実に見えても、その話の根拠となる明確な証拠があるかどうかを先に考えるようになった。被害者に証拠について尋ねると、自分を信じない調査官に失望して時に腹を立てることもあるが、あなたを信じられないのではなく人間の記憶を信じられないのだということを説明するのは簡単ではない。

これまでに出会った様々な嘘のうち、私に大きなショックを与えた事件があった。失踪事件を捜査していた警察が、失踪者の息子と息子の妻を殺人の容疑者として緊急逮捕した。殺人の具体的な内容がメディアを通して細かく報道され、夫婦の人の道に背いた行いに対する世論の非難が激しかった頃、突然妻が警察を相手取り人権委に陳情を提出した。捜査中に虚偽自白を強要するなど、人権侵害を受けたとの主張だった。妻の主張が事実なら、彼女は親を殺した残酷な殺人容疑者ではなく、違法な捜査で冤罪となった無念な犠牲者だった。

陳情書が受け付けられ、数日後の朝、出勤している途中のときだった。人権委のビルが見える横断歩道で信号が変わるのを待っていたとき、陳情人の弟から電話がかかってきた。「調査官……姉が昨日自宅で命を……」。弟は彼女が残した遺書を写真に撮って送ってくれた。この悔しさを晴らしてほしいとすすり泣いた。携帯を握っていた手がぶるぶる震えた。

この陳情事件を担当する前まで、彼女は私にとって太陽系の最後の惑星くらい遠い存在だった。その人がある日、人権侵害を訴える遺書を残してこの世を去った。遺族は無念を晴らしてほしいと私に向かって叫んでいた。一日でも早く陳情人に会いに行っていたら、事情は変わっただろうか。もしも彼女が冤罪なら、この世のすべての非難が私に向けられそうだった。横断歩道の信号が青に変わったが、私は道を渡ることができず、そのまましばらく立っていた。できるなら陳情人死亡を理由に調査を中止したかった。何としても逃げたかったが、何とか留まらせたのは、陳情人の弟が送ってくれた遺書の写真だった。

彼女が両親と弟に遺した遺書には、自分は殺人事件とは関係がなく、悔しいと書かれていた。夫の罪を代わりに謝罪する気持ちで先に逝く、申し訳ないが飼っていた猫の面倒を見てほしいと何度もお願いする言葉を遺した。縁には細かい花柄が印刷された便箋にはっきりと書かれた遺書を見ながら考えた。本当に彼女は虚偽の自白を強要され、濡れ衣を着せられ、そこから逃れられない恐怖のために極端な選択をしたのだろうか。死をもって無念さを訴え、残される猫を心配する人が殺人の共謀者だろうか。何よりも、死を覚悟して書く文章でも、嘘をつくことができるだろうか。花柄の便箋の上に一文字一文字、力強く書いた誓いと、彼女を共犯だとする状況の間で、私の心は亡くなった人が遺した言葉の方に傾いていた。人がどんなに簡単に嘘をつくとしても、自分の命までかけて嘘をつく存在だと信じたくはなかった。

殺人事件の捜査で忙しい警察の捜査チームに陳述書を要求し、捜査書類の提出を受けて詳しく調べてみたが、陳情人が虚偽自白を強要されたとみられる証拠は発見されなかった。客観的な証拠がなく、警察が陳情の関連内容をすべて否定している状況下で、真実を知る当事者はもうこの世にいなかった。その間にも新しい証拠がメディアを通して詳しく報道された。デジタルデータの復元で妻のパソコンからは殺人方法を幾度も検索した履歴が発見され、夫と共に遺体遺棄現場にいたという証拠も出た。妻の死亡後、夫は妻との共謀事実と遺体を遺棄した場所を自白した。

陳情事件が何の成果もなく終結したあと、遺書の中に真実があると信じていた私は大きな混乱に陥った。客観的な事実ではなく、個人的な見解によって、たやすく真実と嘘を判別しようとしたのではないかと反省しながらも、大切な信頼を裏切るようで、苦い思いをしたのは言うまでもない。

偶然にも、この事件をテーマに犯罪心理を分析する番組を観た。あれからもう十年が経っているのに、あの残酷な殺人事件を紹介する理由が気になった。もしかして妻の容疑を新たに解釈する証拠が出たのだろうか。緊張しながら観ていたが、衝撃的な殺人事件を紹介するのにとどまり、新たな解釈はなかった。死んだ妻の殺人加担の程度を見る二人の専門家の意見に食い違いがあるくらいだった。妻が殺人事件の中心人物だった可能性を強く推認する側は、捜査と裁判の結果から明らかになったいくつもの証拠を提示しながら、単なる加担を超えて、すべての犯罪過程において妻が積極的に関与したと判断した。もう一方は、夫の主張や状況だけでは死亡した妻を主犯として判断できないとの意見を提示した。二人の専門家の意見の中でどちらがより真実に近いかはわからない。無期懲役刑に服している彼女の夫だけが真実を知っているだろう。しかし、どちらにしても究極的には遺書の内容が嘘だったということに変わりはなかった。

彼女は死という極端な選択の前で、何が怖くて嘘をついたのだろう。真実を明らかにし、謝罪をする最後の機会をどうして嘘で塗り固めようとしたのだろう。その瞬間でも残される猫を心配し、世話を頼む誠実さとはいったい何だったのだろう。親族を殺害する残酷さと猫を憐れむ気持ちが共存できるところ、そこが人間の心だろうか。調査官の経験を積み、より多くの事件を通してより多くの人に会えば会うほど、むしろ人間についてわからないと思うようになってきた。

メールアドレスが「訴え」の理由

「おい、お前ら！　同性愛を人権と言うのか？　同性愛を助長して国民の税金で食ってる××ども！　お前ら、それでも人間なのか⁉」。同性愛差別の解消に関連した勧告が出て数日も経っていない頃だった。「はい、国家人権委員会です」という言葉を言い終わる前に、受話器の向こうから悲鳴に近い罵声が飛んできた。

「この人権蠅《バリ》みたいな奴らが!!!」。しばらく聞いていたが、私は「人権のハエ」のところで到底耐えられなくなった。「もしもし、あのですね、どんなに腹が立っているとしても人間にハエだとはどういうことですか。ひどい言い方だと思いませんか（相手は非常に戸惑い、口を閉ざした。こういう時は少々、堂々と対応するほうがいい）。「抗議性民願はいくらでも構いませんが、悪口や、不当な誹謗なら、お聞きすることはできません。失礼ですが、電話を切ります」。私は宣言でもするかのように受話器を置いた。以後、同じ発信番号から何度も電話が鳴ったが、堂々と無視した。

お昼の時間に、後輩調査官に午前中に起きたことについて話した。「私は人権委で働きながら何度も悪口を言われ、ゴキブリと言われたこともあるけれど、ハエと呼ばれたのは初めてだよ。最近は人間を虫にたとえて言うのが流行っているみたいだけど、私に対して人権のハエだって。ひどすぎるでしょ」。後輩は顔を真っ赤にして私の話を聞いて、首を傾げた。「先輩、もしかして『人権商売《バリ》』じゃないですか？　人権で商売しているという意味で……」。まさか、そういえば相手が過剰に戸惑っていたが……。

人権委調査官の業務時間は大部分が民願の対応に追われる。各種問い合わせと抗議、「調査官さん、まず一度聞いてください」で始まる長い訴えに至るまで、予告なしにかかってくる電話を受けて説明、釈明、謝罪をしているとあっという間に一日が終わる。人権商売を人権蠅に聞き間違えたおかげで「忙殺」される時間を節約できた運の良い日もあったが、一度は民願をありのまま信じてしまって懲戒を受けそうになったこともあった。

ある日の朝、一人の老人がやってきて委員長に会わせてくれと言った。お茶を出して、理由を聞き出そうとしたが、頑なに委員長としか話さないと言うではないか。委員長に会うために、朝ごはんも食べずに明け方に電車に乗って南の端から上京したという話に、どんな事情かはわからないが、こんなに切実なら委員長に会わせてあげなくてはという思いが、ぐっと込み上げてきた。「そうだよ、いくら委員長が忙しいといっても、この老人に会う時間がないとは思えない」。

老人を丁寧に委員長室がある階に案内した。一時間くらい経って民願担当部署の課長が静かに私を呼んだ。「委員長との面談を要求したからといって、何も考えず委員長室に案内するとはどういうつもりですか。委員長室の前でどんなに騒ぎ立てたか知っていますか」。委員長の秘書室の職員の引き留めによって、面談がかなわなかった老人が座り込みで抗議をするという大騒ぎになって、やっと解決してきたのだという。次からは注意しなさいと言われ、笑顔でそうしますとは言ったが、なんだか悔しかった。大人しかった老人が大騒ぎする民願請求人に突然変わった理由をまず知るべきではないだろうか。

私は秘書室の未熟な対応が老人を怒らせた原因だという考えを捨てられなかった。どんなに頑固な老人だとしても、教育部や企画財政部のようなところに行き、長官に会わせてほしいと言ったわけではない。人権を任されている国家の機関だから、一度くらいそういう無茶をしてみたかったのではないだろうか。民願請求人の面談は必ず一般職員だけがしなければならない、長官、次官レベルが扱うべき民願は別にあるということだろうか。そういえば、委員長の活動コーナーで紹介されている、委員長と「面談」して写真を撮る人々の「身分」は、朝やってきた老人とはかなり異なるようには見えた。毎日会ってほしいと言うわけでもなく、たった十分でも、明け方から電車に乗って数百キロも電車に揺られてきた老人の願いを一度でも聞いてあげるのはそんなに難しいことだろうか。

金大中大統領時代（一九九八―二〇〇三）、大統領府の前で一人デモをしていた老人たちがいた。民主主義政権が誕生したので、もしかしてと思って大統領に訴えたくてやってきた人々だ。事件のほとんどが捜査機関、司法機関、政府の各種民願など、一度は各機関に訴えて却下された経験をもつ、非常に個人的な民事訴訟で、大統領が来ても解決できることはほぼなかったが、老人たちは切実な気持ちで毎日雨に打たれ、雪に降られ、それでも大統領府の前に立っていたようだ。ところがある日、大統領府の関係者が一人デモをしている老人たちを密かに呼んで晩餐をご馳走し、大統領の名前が書かれた白い封筒を配ったという。私の陳情人の一人がその日もらった白い封筒をそっと出して見せながら「大統領がくださった心づけ」だと言った。白い封筒にはきれいな一万ウォンの新札が十枚入っていた。百日の祈りをささげる気持ちで大統領府の前にやってきていた老人たちに大統領としてやってあげられる最も温かい配慮の方法だったと思え、そのお金を見て目頭が熱くなった。

人権委の陳情、民願の受付メールアドレスはホソ（「訴え」の意）（hoso@humanright.go.kr）だ。人権委の民願アドレスを決める会議に参加した記憶は今も鮮明に残っている。誰でもどんなことでも、悔しいことがあれば訴えられる場所にならなければならないという意味で、メールアドレスをホソに決めた。たとえ「人権商売」という悪口を言われても、より条件の悪いところで、つらいことを経験している人々の訴えに耳を傾けなければならないと気を引き締めるが、それでも誰かの訴えを聞くことは決して楽ではない。

イシモチ売りのくせに

数年前、とある国会議員が非正規職ストライキに参加した学校給食の調理担当者を指し、「正直、調理師なんてたいしたことない。単なる飯を作るおばさんだ」と言って顰蹙《ひんしゅく》を買った。女性と給食労働者に対する偏見が赤裸々となったこの言葉は一瞬にして給食労働の意義を薄っぺらくした。事態が大きくなるとその国会議員は記者会見を開き、「不適切な言葉」について謝罪したが、「（給食労働者を）『飯を作るおばさん』だと言った私のもう一つの本音は、『お母さん』と同じだという意味です」と言い訳をして、また反感を買った。

偶然、五年目の配達労働者のラジオでのインタビューを聴いていたとき、ため息をついてしまった。彼はあるマンションに配達に行ったとき「透明人間」として扱われた経験を聞かせてくれた。「あのときは仕方なく我慢しましたが、帰り道、全身が怒りで興奮して、なかなか忘れられなくて、自暴自棄になり……」。あるとき、彼と一緒にエレベーターに乗っていた中年女性が、子どもに何気なく言った言葉はこうだった。「あなたも言うことを聞かないと、このおじさんみたいに一生配達の仕事をするかもしれないよ」。ほかにも、彼は「配達員のくせに」といった言葉を聞いたとき、つらくて漢江《ハンガン》に行き泣いたと、そういうことが幾度もあったと言った。言葉がナイフになって突き刺さるという表現がぴったりの瞬間ではないか。

裁判を傍聴していて、判事から「出過ぎた真似をした」と指摘された大学の教授が陳情をした事件があった。人権委は、目的は何であれ「出過ぎた真似」という表現は、通常大人が子どもを窘めるために使う言葉（こういう言葉は実際には子どもにも使ってはならない）であるため、陳情人の社会的名誉を傷つけるなど、人格権の侵害であると判断した。しかし人権委の勧告を受けた裁判所では勧告の内容を受け入れず、「裁判官の法廷での言動は裁判の範疇に含まれる」と主張した。この事件について裁判所の不受理の結果を聞き、私は憤慨した。できることなら個人的にこう尋ねたかった。

「裁判官は、これまで生きてきて似たような経験をしたことが一度もありませんか。もしそうなら、人権委の勧告を不受理にする前に、街に出て誰でもいいから一人捕まえて聞いてみてください。『出過ぎた真似だ』『あなたはその程度の人間だ』みたいなことを言われたらどんな気持ちになるのか。間違いなく、その人は戸惑ってこう聞き返すと思います。『まさか、本当にそれがわからなくて聞いてるんですか？』と。この言葉の意味を知っていれば、『裁判の範疇に含まれる』といった主張を、それほど堂々とはできないと思うのですが」

法聖浦《ポプソンポ》イシモチ事件もそういう一つだった。Bは故郷の法聖浦でイシモチを仕入れ、ソウルのマンションや団地を回って売っていた。一時はきちんとした事業をやっていたという彼は紆余曲折の末、イシモチの商売を始めるようになった。「最初は何度かソウルに行って、そのまま帰ってきたこともあります。どうしても声が出なくて……路上で商売をしようとすると、人生のどん底に落ちた気分でした」。そうやって始めた仕事だったが、慣れるとよく行くマンションができ、「イシモチ売りがやってきました」という言葉も自然と口から出てきた。

事件があった日も法聖浦から明け方にイシモチを積んで上京し、ソウルのよく行くマンションの前に車を止めた。トラックの商売は子どもたちを幼稚園に迎えに行くために母親らがマンションの前に出てくる時間が販売のゴールデンタイムだ。その日は反応がよく、楽しく商売をしていたが、パトカー一台がトラックの横にやってきた。拡声器の騒音がうるさいとの住民の通報で警察が出動したのだった。「何度も騒音の通報が来ています。すぐに拡声器を切って車両を移動してください。でないと違反切符を切ります」。Bは母親たちが集まったこの機会を逃したくない一心で手でわかったと合図を送り、謙虚な笑みを送ったが、警察は住民たちの前で面子が立たないと思ったのか、車をどかせと怒鳴った。この過程でイシモチを見ていた母親たちがあちこちに散り、商売は終わったと思った。

「一日の商売がダメになって違反切符まで切られると思うとやきもきし、腹も立ちました。身分証を見せろというので、パトカーの窓の中へ投げました」。騒音の通報を受けて現場に行っただけの警察も、Bの態度に不快感を覚えたようだ。ああだこうだ言い合いをしているうち、警察の本音がこぼれた。「イシモチ売りのくせに……」。

「私が違法な行為をしたのもわかっているし、身分証を丁寧に提示しなかったのもわかっています。それを責められるなら言うことはありませんが、ひどいことを言われたんですよ。事業が失敗してから家族との関係もめちゃくちゃで……生きているとそういうときがありますよね。一日一日をやっとの思いで耐えなければならないときに、制服を着て法で取り締まる警察が私をそんなに見下すなら、平凡な人々の目に私はどんなにみすぼらしく見えるんだろう。息子みたいな年齢の人にそう言われたら、崖の上から急にパッと押されて落ちていく気分になりました」

陳情人はその日、すぐに商売をたたんで警察署の前のモーテルの部屋に入った。モーテルの屋上に行き、警察署の中庭を見ながら死を考えたという。そして日が昇ると警察署を訪れ、民願を出した。たとえ死ぬとしてもその前に謝罪を受けたいという気持ちで、「イシモチ売りのくせに」と言ったことを謝罪しろとの民願を出したが、警察はそういうことを言った覚えはないと否認した。彼が積極的に異議申し立てをすればするほど、彼は「言葉ひとつに執着する」「年の功が感じられない」「息子くらいの青年をいじめる」「法に違反したうえに揚げ足を取る」人に見えてくるだけだった。最初、彼の陳情書を読んだとき私も少しそう思った。単純な言葉一つにあまりにも執着しているのではないか。事情を詳しく聞いてやっと、謝ってもらいたいという彼の心情を理解できるようになった。「ちゃんと見ればかわいい」（ナ・テジュ「草花」より）と詠《うた》った詩人のように、ほかのすべての陳情もそうだった。ちゃんと見ようとしなければ、人権委にやってきた人の心は読めない。

　調査中にBに名指しされた警察官に会った。彼はBが身分証を投げたので気分を害したのは事実だが、「イシモチ売りのくせに」のようなことを言ったかどうか覚えていないと言った。わざと嘘をつこうとしているのではなく、本当に自分の言ったことを覚えていないようだった。もしかしたら一人の命を奪ったかもしれない言葉は、そうやって空に散ってしまった。法聖浦イシモチ事件は長い長い仲裁の過程を経て、「本意とは異なる行動」だったという前置きがついた警察の謝罪で終結したが、言葉で切られたBの傷がそれで癒えたかどうかはわからない。

　何とか耐えて尊厳を守っている人々を一瞬にして倒すのは、ナイフではなく一つの言葉や態度かもしれない。問題になれば、たいした意味はなかったと言い訳されるそれらの言動は、実際は普段私たちに内在された差別や偏見にその根っこがある。差別と偏見は人を一瞬にして透明人間にしてしまう。フランスのルポライター、フローランス・オブナが二〇〇九年に百八十日間清掃の仕事をした経験を書いた『ウィストレアム埠頭』の一場面が蘇る。彼女は明け方、事務所を掃除していて密かな情事を目撃することになる。オブナは彼らが気まずくならないようにあえて気配をさせて、近くで掃除機をかけたが、彼らはその音を無視して、彼女に見向きもしなかったという。オブナはその場面を振り返ってこう書いた。「彼らにとって私のような存在は単に掃除機の延長である。ゴム手袋をはめて作業着を着た掃除機のような機械にすぎないのだろう」[*7]。

　必ずしも意図を持って誰かを掃除機や透明人間にするのではないだろう。むしろ何も考えていないことが問題を引き起こす場合がずっと多い。薄だいだい色を肌色といえば、他の肌の色をした人たちは「間違った」肌の色をした人になる。考えてみれば、肌の色は一人一人異なるのに、本来私たちの肌の色とは異なるこの色を、どうして私たちは肌色と呼ぶようになったのだろう。

「青少年交通カードを端末機に当てると『学生割引です』という音声メッセージが自動的に流れるんですが、その時、まるで自分が嘘をついているように感じました。私は青少年だけど学生ではないんです」。十代は誰でも学生という固定観念が、学校に通わない青少年を透明人間にしている。公共交通機関での「学生割引」を「青少年割引」に変えた理由だ。最近は学校で「父母」という表現の代わりに「保護者」という単語を使うようにしているが、これも固定観念のカテゴリーをなくすことに繋がる。母親が亡くなって、父親と暮らしている子どもたちの世話をする仕事をしている先輩は時々、呆然とすることがあるという。子どもたちが「この宿題は母親と一緒にやりなさい」と書かれた連絡帳を持って帰ってきたとき、それを書いてきた子どもの気持ちが手に取るようにわかるからだ。

私たちの言動が誰かをぺしゃんこに押さえつけてしまうということに気づくのは、簡単なことではない。積極的に、敏感に、感覚を広げておかないと感じられることではないと思う。誰かが、こういう心の状態に「人権感受性」という名前をつけた。人権感受性を育てることは、もはや選択ではなく必須にならなければならない。

「人権感受性を育てるにはどうしたらいいですか」。人権委調査官として長く働いているという理由で人々からよく聞かれる。こういう質問を受けると本当に困ってしまう。それらしい答えを言ってあげたいが、実際は私も少しずつ学んでいるところだ。

孔枝泳《コンジヨン》の小説『トガニ』（チャンビ、二〇〇九）、そして同名の映画『トガニ』（ファン・ドンヒョク監督、二〇一一）を通してこの世に広く知られるようになった、ろう学校で起きた性暴力事件を調査したときだった。本格的な調査の前に、在校生と卒業生が参加する一泊二日のワークショップが行われた。調査官と子どもたちのラポール形成（ラポールはフランス語で「架け橋」。自分と他者の間に橋が架かっており、心の通じ合いや絆を深めていくこと、すなわち信頼関係を築くことを意味する）という目的もあったが、なによりも傷ついた被害者に治癒と回復の時間が必要だと考えたからだ。担当調査官の努力で相当な予算を用意できた。山奥に位置するとあるリゾート施設で、被害者と調査官、人権活動家が一緒に「跳んで、遊んで、笑う」楽しい時間を過ごした。なかには音楽に合わせて適当に踊る時間もあった。ろうあ者の生徒は耳では聞こえないが体で音を感じた。ビートの強い音楽が生む振動を裸足で感じながら思い思いに踊っていた。

みんなが手話で自由に対話できるその場では、手話をまったく知らない私は妙な疎外感を覚えた。手話で対話する人々の絢爛たる手の動き、豊かな表情を、不思議な気持ちで見ていたが、ふと彼らのコミュニケーションの世界において、私の言語は何の意味もなさない騒音にすぎないことを悟った。彼らは手話で話すときも、怒りやうれしさを表現するときも、たくさんの音を作り出した。笑い声、拍手の音、足踏みの音が空間をいっぱいにした。部屋のドアを開け閉めする時も随時ガンガンという雷のような音がしたが、ろうあ者はその音をまったく気にする必要がなかった。ドアの音にびっくりする人は私のような聴者だけだった。また彼らが対話するとき、お互いをどれだけまっすぐにじっと見つめるのかも学んだ。手話を読むために、相手が「話す」間は完全に相手に集中しなければならなかった。

最初は慣れない騒音に驚いたりもしたが、だんだん慣れ、騒音を気にしないことから来る新たな快感もあった。二日間に過ぎなかったが私も彼らのように大きく笑い、手を叩き、ドアをバタンと閉めてみた。障害があって不便だと感じる理由は障害そのものにあるのではなく、この社会が非障害者を中心に設計されていることが原因だと改めて実感した時間だった。

本格的な被害者の面談調査の前に、簡単なアンケートと陳述書を配布した。参加者たちが書いたアンケートと陳述書を整理しながら、ハッとした。ハングルを習い始めた外国人が書いたような文字と、間違った文法で構成されたおかしな文章が紙を埋め尽くしていた。ワークショップの間、自由に意思を表現していた彼らが書いた文章だとは到底信じがたかった。私はなぜか騙された気分になり、莫大な予算が使われたワークショップの成果が、たかだか読みにくい陳述書だったのかと思い、がっかりした。私の不満に気づいた人権活動家が親切にも明るく教えてくれた。

「調査官、知ってますか。ろうあ者が手話を覚えるのは、聴者が英語を学ぶのと同じです。そして彼らが文字を読み書きするのは、英語以外の第二外国語としてドイツ語やフランス語を学ぶのと似ています。だから手話で対話するのは、留学もせずに同時通訳者になった人と同じなんです。すごいでしょう？　どんなに優れた同時通訳者も、外国語をいくつも流暢に話すのは難しいのではないでしょうか。聴者の基準では被害者が書いたハングルは拙いし、文法も間違っているように見えるけれど、第二外国語でそれくらい書けていれば、本当に素晴らしいことだと思いませんか」

不満はすぐに恥ずかしさに変わった。

私たちはみんなこのように、少しずつ「気づきながら」人権感受性を育てている。人権は法律や制度が支えなければきちんと力を発揮できないが、その制度や法律を作るのもやはり人間の仕事だから、感受性がなければ実践されにくい。偏見を捨てて別の観点から考えるためには、柔らかい心が必要だ。柔らかな心は法律よりもずっと力強いものだと言うために必要なものが、人権感受性ではないだろうか。誰かを透明人間にして隠してしまうマントの代わりに、様々な色や柄のマントを編み出すことが、人権感受性を育てる方法ではないだろうか。小さな声により関心を持つこと、そして考えて実践すること。道徳の教科書のような話に聞こえるが、どうしても他の道があるとは思えないのである。

＊7　フローランス・オブナ『ウィストレアム埠頭』ユン・インスク訳、現実文化、二〇一〇、二四七頁。

第二章

たったこれだけの優しさ

仕事の喜びと悲しみ

平凡な会社員として過ごし、二十七歳になった年に、少し大げさに言えば、市民団体で新たな人生を歩み始めた。今考えるとかなり大きな変化だったが、新しい仕事に対する期待のおかげで月々の活動費四十万ウォンだけが給与の代わりになる事実さえ大きな問題として捉えていなかった。市民運動を始めてあまり経たないうちにＩＭＦ金融危機（一九九七年十一月、外貨の急速な流出に直面した韓国政府は、国際通貨基金「ＩＭＦ」に緊急融資を申請。金融システムは麻痺状態に陥り、企業の倒産が相次いだ）がやってきた。市民団体もまた長い苦難のトンネルを彷徨《さまよ》わなければならない時代だったが、個人的には初めて「仕事の喜び」を味わっていた時代だった。

京畿道の水原《スウォン》市に住んでいた私は華西《ファソ》駅からソウルＹＭＣＡ市民中継室がある鐘閣駅まで往復三時間をかけて通勤していた。当時国鉄は週に何度も故障で止まり、冷暖房は粗末なもので、ホームドアもついておらず、車内は寒いか暑いかだった。特に冬には少し停車する間にも、シベリアに吹きそうな北風が入ってきて、列車の中は冷凍庫に近い温度になった。

出勤時間は普通の会社員と同じだったが、夜十時に退勤する日にも「今日は早いな」と思うほど、仕事が本当に果てしなく多かった。久しぶりに早く帰ったある日、私が住んでいたヴィラの入口が見慣れない光景のように思えて、その前でしばらく躊躇していた記憶がある。続く残業のせいで体はお粥のように溶け落ち、週末にはおこげになるまで床に寝転がっていたが、月曜病とは何かと聞きたいほど、仕事に行くことが楽しかった。当時私があれほど楽しかった理由は、皮肉なことに「不当で悔しいこと」を解決することからくる満足感からだったようだ。悔しさを抱える人に会うのは楽しいことではないが、私の薄っぺらい知識と労働が誰かの人生を少しでもよくできると信じており、そういう仕事に就けたことが不思議で、ありがたかった。

ソウルYMCA市民中継室は、一言で要約すると「あれこれ悔しいことは何でも相談できる場所」だった。鐘閣駅にあるYMCAビルの四一六号室、その小さな事務所に朝早くから夜遅くまで本当に多様な悔しい経験をした人々がやってきた。違法なねずみ講にはまって学費を全部使い果たした大学生が、返品するために磁石敷布団を持ってきた。長期契約した借家が競売にかけられ、一生分の貯金を失った人もやってきた。訪問販売で買った数百万ウォン分のサプリを持ってきた窪んだ目の老人たち、裁判所の答弁書に簡単なことが書けず、悔しくも債務を負うことになった人々、司法の被害者や医療事故の被害者……

これといって頼れるところのない数々の事情を抱えた人々が一日数十人はやってきた。

特に、ソウルＹＭＣＡが住宅賃貸借保護法の制定・改正運動を長くしてきた経験から、この法律についての相談が多かった。今は賃貸などの契約をするために不動産の登記簿謄本を確認し（韓国では初めに高額な保証金や家賃を支払う必要があるため、個人の賃貸契約であっても登記簿謄本を確認することが一般的）、転入届と確定日付（家主が破産するなどして保証金を返済しない場合に、賃借人に一定額を保証する制度）を確認してもらうのが常識だが、当時は家主の話だけを信じて契約して保証金を踏み倒されるケースが多かった。長期一括契約を交わす前ならば確定日付を取得する方法や最優先弁済金額（家主に預けた保証金の一定額が他の権利者より優先して返済される）のような入居者保護制度を教えてあげればよいが、問題はすでに家が競売され、保証金を返してもらえる可能性がない人々が多くやってきたということだ。そういう人々は大概ため息をつき帰っていったが、数人はうっ憤を私たちに向けることもあった。突然やってきて「君たちがちゃんと相談に乗ってくれなかったから契約金が消えた。どうするつもりだ！　責任を取れ！　燃やしてやる前に！」と八つ当たりをした。さぞつらいだろうと思いながらも、悲しくもどかしくて寝付けなかった。

だからといって市民中継室が常に深刻で重い仕事だけをしていたわけではなかった。今考えたら多少「オーバー」に見える生活密着型の活動も多かった。有名な食堂が肉の量をごまかしているとの通報を受け、解決策に悩んだ末、直接行って重さを量ってみようという考えに至った。取り締まり権を持たない私たちが考案した調査方法は直接食堂に行き、プルコギを注文したあと、鉄板に載せる前に調理用の秤にかけて、一人前の定量なのかを確認することだった。ところが実際に調査を始めると予期せぬ難関にぶつかった。まずプルコギのヤンニョムの汁はどの程度が定量か、何回調査すれば客観的だといえるだろうかなど、基準があいまいだった。そして何よりもおかしな人間の登場に、食堂の店長たちは鉄板を投げつける勢いで激怒した。この無謀なプロジェクトのおかげで嫌味もたくさん言われたが、あのときに有名な焼き肉屋のプルコギを一生分食べたようだ（基準の定量を出してくれる食堂はほとんどなかったが）。タクシーの乗車拒否の実態を告発するために、夜中に鍾路の路上で、旧型ビデオカメラでタクシーの乗車・下車状況を撮っていて、運転手に首根っこをつかまれてダメになった記憶もある。

「医薬分業実現のための市民対策委員会」活動をしながら、医療システム改革問題に大きな関心を注いでいたときはあちこち妊婦健診に行き、モニタリング要員のような活動もした。妊娠八か月に入った頃、診察を受けていた病院でついに（？）妊婦に特診費（特別診療費。患者の選択による診療で、十五〜五十％の費用を患者が追加で負担する）を常習的に不当請求していた事実を発見した。二週間に一度健診を受けに行くが、主治医に会えるのは一瞬だった。主に診察室前のソファに座っているときに妊婦たちにそっと話しかけた。「もしかして特診費を払いましたか？　申し込みもしていないのに特診費を請求されるのは間違いです」。最初は変な女だと思って避けていた妊婦たちが一人二人と賛同してくれた。同病相憐れむ、いや、妊婦相憐れむの気持ちで「特診費不当請求告発状」に署名してくれた女性たちのおかげで、出産前に無事に自発的モニタリング活動を終了することができた（病院側は告発に賛同した妊婦たちだけではなく、五年前までの妊婦たちに不当請求していた特診費を全額返還した。幸いにも私はその病院で安全に出産した）。

爆発的な利益を出している大企業の制服業者らを談合で告発し、歴代最大規模の集団訴訟をし、ＩＭＦ危機で生計が苦しいのにその不安を煽ってつけ込む違法なねずみ講と絶えず戦い、訪問販売法の改正を導いたのもあの場所だった。狭い事務所の奥にはねずみ講の被害者たちが持ってきた磁石敷布団、各種サプリメント、集団訴訟のための書類がいつもいっぱい積まれていた。

何ひとつ楽に処理できることはなかったが、本当に疲れ知らずで楽しく働いた。鳩の糞で汚れた指尺で二つくらいの大きさの窓、羽根に餅みたいなゴミが付いていた換気扇、その換気扇の間から光が差し込んでくる小さな事務所で、私たちは日が暮れるのも、雨や雪が降るのも知らずに電話を受け、面談し、資料を整理し、報道用の文章を書いた。昼夜問わず鳴りっぱなしの電話を受けていると、私が電話を受けているのか、自分がかけたのかすらわからなくなった。「もしもし、どういうご用件ですか」「……」「あっ、すみません、私がかけたんですね」。

そうやって戦って笑って泣いて、顔を上げるといつの間にか数年があっという間に過ぎていた。水原行きの国鉄に座って居眠りをしていた。一瞬ちらっと足元に視線をやった。おかしいなとよく見ると左右別々の靴を履いていた。両方黒だったが、片方はヒールが三センチくらいの靴で、もう片方はもっと低く足の甲を覆う形だった。別々の靴で一日を過ごしたのだ。国鉄はすでにソウルを抜け、しばらく走っていた。列車に残っている乗客もほぼいなかった。向かい側の窓に映る自分の顔をじっくり眺めていると、わけもなく涙がぽろぽろ流れた。何をそんなに頑張っていて、別々の靴を履いていることにすら気づかなかったのだろう。終日ずっと忘れていた、夫の実家に預けてある一歳を過ぎた息子に会いたくなった。たぶんあの日、市民団体で働いていて初めて、喜びでいっぱいだった私の労働に微細な傷を一つ発見したのではないか。それから二年くらいが過ぎ、人権委が発足するという知らせを聞いた。市民運動の経歴を認められ人権委の調査官として採用され、市民運動家としての人生を終了した。大義だけを考えていたが、失った自分の人生を見つけたとも言えるし、もしかすると小さな傷を言い訳に、永遠にあの重い荷物を降ろしたかったのかもしれない。

人権委調査官の業務はマクロ的観点から見れば、市民運動をしていたときと似ていたが、新しく出会った行政の世界は、私の体力では到底乗り越えることができない大きな山のように感じられた。市民団体で働いていたときは考えられなかった権限と予算を手にしたが、その代わりに仕方なく諦めなければならない代償も大きかった。想像力や情熱よりも誠実さや厳格さが求められ、法律と規定、指示を受け報告すべき文章で体は重くなり、のろまになった。このすべての変化に私は二十年をかけて適応している最中だ。私の職業を「公務員」と書くことにはまだ慣れない。時々四一六号室の時代が鮮明によみがえり、懐かしくなる。あの小さな部屋に重要な何かをおいてきたかのような感覚になるときがある。それはもしかすると、よりみずみずしい、仕事の喜びや悲しみではないだろうか。

調査局の脱穀機の音

今も時々テストを受ける夢を見て、冷や汗をかいて起きるときがある。明日が試験なのに、勉強せず、やっと試験の範囲を確認しようとするが、なかなかメモが見つからず明け方を迎える夢。テスト用紙が配られたのに知っている問題が一つもなくて戦々恐々する夢。高校を卒業して数十年が経つのに、まだこんな夢を見るなんてテストがかなり嫌いだったようだ。

調査官になったあとは、テストで困っている夢と同じくらい暗澹たる夢を見る。ずっと前に終わった陳情事件が戻ってきて机の上を山のように埋め尽くす夢だ。「終結した事件がどうしてここにあるんだろう」と思いながら、記録を広げてみると、調査の痕跡がきれいに消えてなくなっているではないか。ある小説家がノートパソコンが壊れて完成間近だった原稿をすべて失い、数年間何も書けなかったという記事を読んだことがある。その衝撃とは比べられないだろうが、終結させた事件を再び始めなければならないと思うと、夢の中でもどうか夢であってほしいと願う気持ちが切実になる。

事件の負担が増えると深く調査することが難しくなり、どうしても早く処理することに集中することになる。いい表現ではないが、調査官たちは事件を終結させることを「事件をはたく」という。年末の調査局は農村でもう聞けない脱穀機が回る音で忙しくなる。年末評価の実績を上げるためにすぐにはたける事件を先に処理するからだ。難しくて複雑な事件はややこしくてはたきづらい。難しい事件は後回しにし、簡単な事件にしがみつき、要領よく事件をはたいたとき、自らを「脱穀機」調査官だと自嘲したりする。

陳情人の主張をよく聞いて要点を整理したあと、これに対する被陳情人の弁解や理由を把握することや事件の関連証拠を収集することも大変だが、このすべての物語をきちんと紡いで報告書を書くことが、ある面では最も難しいことだ。簡単な事件なら数ページの報告書で終わるが、数十枚も書かなければならない事件もある。そんなことをしていると報告書を書くこと自体が目的のようになり、現場に出て調査する仕事より、机に向かって報告書を書くことがずっと重要に感じられることもある。いつか諮問会議で出会ったある教授が、学校の講義がなければ仕事も悪くないと言って大笑いしたことがある。付随する仕事が増えると本来の仕事は徐々に後回しにされ、いつの間にか本末転倒になることもあるようだ。人権侵害と差別を予防し被害者を救済することが人権委調査官の業務の本質だが、事件の処理と報告書に埋もれて、まずは自分の目の前にある事件を一日でも早くはたくことを最優先にする。

だから陳情を取り消してくれるとすごくありがたい。取り消しますと言われると、恥ずかしいことに「ありがとうございます」という明朗な感謝の言葉が飛び出す。人権委法によって陳情人が陳情を取り消すと、その内容の深刻性や重要性はさておき、すぐに事件を終結させられる。すると、ときには調査官が暗に取り消しを誘導する場合も生じてくる。調査しても特に解決策がなさそうな場合や調査対象にならない場合、陳情人が求める結論に至るのが難しいとき、自分なりの方法で陳情人を説得して、陳情取り消しを要請してみるのである。もちろん調査官のこの「努力」がなくても、いろいろな理由で陳情を取り消す場合も多い。人権委が本格的に調査を始めた二〇〇二年から二〇二〇年までの間に十四万七千五百六十三件の陳情事件が処理されたが、そのなかで陳情人の陳情取り消しで終結したケースは六万二千三百六十一件と大きな割合を占めている。[*8]

どうせ結論が明らかな事件なのに、あえて複雑な行政の手続きを踏むのは無駄になるかもしれないし、十分な意思疎通の結果、陳情取り消しにつながる場合も多いので、陳情取り消しで事件を終結するのが必ずしも悪いとはいえない。もしかすると人権委で一方的に結論を出して文書で送るときに比べて、暴力性の低い方法かもしれない。しかしこのような「効率的な」処理方法は危険性もはらんでいる。ある事件が人権侵害や差別行為にあたるかどうかを判断することは、重要性に関するものでもあるから、最大限多様な討論が必要だ。

　陳情事件に関する決定はたいてい三人で構成された調査委員会で担当するが、決定を下すとき、多数決ではなく全員一致で決定する。全員一致にならないときは、十一人の人権委員で構成された全員委員会に上げて、可能な限り人権委員の意見が合致するまで議論する。見方によっては非効率的に見えるこのような議論の過程が必要な理由は、人権侵害や差別問題を解決する道が一つの正解を探す過程ではないからだ。「人間には尊厳がある」という大前提を基にした議論だから、様々な結論が出るのが当たり前だ。たとえるなら、数学問題を解くのではなく小説や詩を読むことにずっと近いと言えるだろう。だから調査官に故意や悪意がなかったとしても、判断ミスで不適切に陳情取り消しを促す間違いを犯す可能性があるという点を常に注意する必要がある。

　二〇一四年、軍隊で拷問、過酷行為によって死亡した軍人の遺族が人権委に陳情を提出した。人権委は調査過程で、軍検察（正確には国防部検察団。韓国軍の内部で起きた事件や事故などを捜査する。軍事裁判所では検察官として働いている）で十分な調査が行われているとの理由で遺族には陳情取り消しをしてもらい、この陳情取り消しを受けて「調査中解決」事件として処理したことがある（「調査中解決」事件とは、人権委の調査中に被害者が求める方向に問題解決がされた事件をいう）。「調査中解決」で処理されたこの事件はその後、軍人権センター（軍人の人権を守るために作られた市民団体）を通して軍検察の事件の矮小化と隠蔽の事実が明るみに出て、社会的に大きな波紋を呼んだ。人権団体の活動がなかったら誰にも気づかれず無念な死として片づけられたかもしれないこの事件は、軍隊における暴力の深刻性を訴える決定的なきっかけとなった。

二〇二〇年、あるスポーツ選手の父親が娘を被害者として陳情の手続きを行った。内容を把握する過程で当該事件が人権委の陳情だけではなく警察にも事件として受け付けられたことが確認された。同じ内容で捜査が進められる場合、人権委法によって陳情が却下されるかもしれないとの案内をされた父親は、人権委への陳情を取り消し、この事件は終結した。その後、被害者が「真実を明らかにしてほしい」という遺書を残してこの世を去るというつらいできごとが発生した。スポーツ選手出身の国会議員が記者会見でことの真実を暴露し、指導者のひどすぎる暴力がこの世に知られるようになった。

これら二つの事件は共に調査官が取り消しを促したのでもなく、何らかの意図を持って事件を終結させたわけでもない。しかしこれらは軍隊やスポーツ分野における長さにわたる構造的な弊害が原因の深刻な人権侵害事件だったが、それに気づかなかった落ち度は否定できない。人権委はあとから職権調査で事件を再調査し、いくつもの制度の改善を勧告したが、それまでの過程が人権委の調査システムの問題点を如実に表していると考えた。担当した調査官の気苦労がどんなものだったかは同じ仕事をしている人間として十分に推測できるが、あえて例に挙げたのは、調査官個人のせいにするのではなく、人権委の構造の問題を言いたかったからだ。事件は調査官が担当するが、終結に至る過程には多くの決定権者の「判子」が必要だ。決定権者により多くの権限と給料を与える理由は、調査官が気づいていない構造的な問題をしっかり見つけ出せとの意味だろう。だから調査官のせいにしても問題は解決できず、同じことがくりかえされるだけだ。決定権者がより深く悩み、覚醒する必要がある。

人権委の設立以来、調査官の数に大きな変化はないが、それに比べ、陳情事件の数は数倍にも増えた。調査官一人当たり、毎年百件、多い時は二百件を処理しても事件の数は減らない。一年が過ぎても処理されない「長期未済」事件の処理計画を提出しなさいとの指示が二十年も繰り返されている。事件の数が増える一方で、判断は日に日に難しくなる。人権感受性が高まり、要求も多様になり、人権問題もやはり多角度からの判断が必要だ。拷問や過酷行為のように誰が見ても明白な人権侵害として判断できる問題は日に日に減っていく。だから事実関係の調査が終わったあとにも、それが不当な人権侵害や差別の問題かどうかわからない苦労の多い事件が積まれていく。

寝ずに作品を完成させたのに、何を作ったのかわからないときの戸惑いを何にたとえたらいいのだろう。美術館に展示された現代アートの前でじっくり考えこむことと似ていると言おうと思ったが、やめておこう。意味のわからない作品を見て「あれなら私にも描けるかも」と言って、次の作品を見るためにその場を離れる態度は調査官には許されないからだ。判断が難しくて後回しにしていると六か月、一年があっという間に過ぎてしまう。

深い悩みや熟考に欠けた人権委の手前勝手な主張が普遍的な説得力を持つのは難しい。それを知りながら、いや知っているからこそ、キャビネットに積まれていく事件の数でも減らしてみようと脱穀機の音を出しながら事件をはたいているが、もしかして深刻な人権侵害の真実まで安易にはたいてしまうのではないかと戦々恐々とし、恐怖におびえる。それは終結させた事件数百件を再び抱え込む悪夢とは比べ物にならないくらい怖い。

＊8　国家人権委員会『二〇二〇国家人権委員会統計』国家人権委員会、二〇二一、一一〇—一一三頁。

プノンペンへの道

古い扇風機は温風機のように熱い風を吐き出した。綿布団のような空気が天井からベッドを押さえつける。暑いという言葉では簡単に表現できない、例えば、お湯がどんどん沸く釜の前に座っている感じと言えばいいだろうか。部屋の中の熱気でトウモロコシやジャガイモだって茹でられそうだ。朝になり、茹でたジャガイモの形態で発見されたら、カフカの小説『変身』の、虫になった主人公のようではないだろうか。非常に困ってしまうことは明らかだ。地球という星に暮らして、この夜くらい切実に朝を待った日があっただろうか。ところで、ここはどこだろう。カンボジアの首都プノンペンのブリキ屋根の下、小さな窓一つない狭い部屋。私はどうして慣れないプノンペンでこんなに切実に朝日を待っているのだろうか。気を取り直して、この異国の地で茹でイモになる前に解決すべき事件がある。

プノンペンのとある民間団体でセクハラ事件が発生した。被害者は二十代の新入社員で、加害者は六十代の男性で業務の責任者だった。人権委法は外国で起きた韓国人の間のセクハラも調査対象に含んでいる。しかし実際に外国で起きた事件を扱ってみると、事実確認がほぼ不可能に思えた。セクハラ事件はその特性上、直截的な証拠がある場合がほとんどなく、現場で周辺関係者の陳述を聞くのが重要な調査法の一つだ。現場に答えがあると言えばいいだろうか。

当事者尋問で加害者はカンカンに怒って陳情内容を否認し、被害者は経験した人だけが知っている内容を具体的に陳述した。しかし、被害者の陳述の蓋然性が高いからといって、他の証拠もないし、陳情内容を事実として認定するわけにはいかなかった。数日間、もどかしい気持ちで事件の記録だけをじっと眺めていて、ふとプノンペンに行こうという思いに至った。人権委法が外国で起きた事件を調査対象にしているなら、事件が発生した都市に行ってはならない理由はないではないか。

国外現場調査に行きたいという話を聞いた調査局長は、出張の予算もなければ、前例もないと困った顔をした。監査機関では国外出張を外遊性のものと判断する傾向が強く（実際にそういうことが多い）、前例のないことをするのは問題になるかもしれないと言った。そう考えると公務員社会ですべての初めての事例はどのように生まれたのだろう。前例の前例になる事例がないと前例ができないのではないか。だったら、その初の「前例」を私が作ってみよう。

出張計画書を持って事務総長のところに行った。人権弁護士出身の事務総長は予算や前例のような言葉を言う代わりに目的を聞いた。「チェ調査官、プノンペンに行けば証拠は見つけられそうですか」「ええと、それは、あのですね。現場に答えがある、そういう話を聞いたことがあります。まず現場に行ってみないとダメだと思うんです。現場に行けば何か見つかりそうな気がして……」。

振り返ってみると情けない答えだった。何の対策もなく、無鉄砲に現場に行ってみたいと意地をはっているように聞こえたに違いない。実際に、現場に行けば証拠が急に現れるという可能性はなかった。しかし陳情内容が事実なら、加害者は必ずカンボジアの女性社員にも同じような言動をしている可能性が高かった。ソウル拘置所の刑務官にセクハラされた女性受刑者が自殺した事件が発生したとき、遺書に書かれた被害内容が証拠のすべてだったが、人権委は調査を通して他の被害者を見つけ出した。ソウル拘置所で加害者と面談したことがある他の女性受刑者に会ってインタビューをしたら類似の被害事実が立て続けに確認された。私は他にも起きているという可能性に賭けてみたかった。

紆余曲折を経て、同行者なしに単独でカンボジアのプノンペンに二泊三日の出張命令が下された。飛行機に搭乗すると心臓がばくばくした。証拠を見つけてくると自信満々に言ったが、プノンペン事務所に調査協力要請公文書を提出しただけで、具体的な調査計画はなかった。私が信じたのは一つ、一枚のメモだけだった。メモには被害者が教えてくれたカンボジアの元社員数名の氏名が書いてあった。陳情が受け付けられてからプノンペン事務所に新しい所長が赴任し、被害者と一緒に働いていた社員は全員交代した状態だった。退社した社員を見つけられるかどうかわからなかった。

飛行機で陳情書を繰り返し読んだ。読むに堪えない内容が数ページにわたって書かれていた。被害者は最初から「話を聞きたくない」という意思をはっきり伝えたが、加害者は「結婚適齢期じゃないか。あらかじめ知識を持っていて悪いことはない」「お金を払っても聞けない講義だ」と意に介さずセクハラ発言を続けた。加害者の「講義」は主に一日が終わり夕食を済ませた頃、暑さをしのぐため庭やバルコニーに座っているときに始まった。事件現場の事務所はブリキの屋根を載せた木造家屋で、一階が事務所、二階が講堂や社員寮として使用されていた。寮生活をしていたから、勤務時間後にも被害者は加害者とあちこちで顔を合わせた。講堂の一部分に引き戸をつけて作った寮の部屋は騒音と暑さに対しては脆弱だった。加害者が夜パソコンで何を見ても関係ないことだったが、薄い壁の向こうからポルノの「各種音響」が被害者に伝わった。陳情書の内容が事実なら、被害者が感じただろう性的羞恥心と嫌悪感はこれ以上説明する必要もなさそうだ。

プノンペン事務所に着いた頃、熱帯の暑さを忘れさせる夕立がひとしきり降っていた。ブリキの屋根の上をネコが十匹くらい走り回っているかのような大きな雨音が、まるで私の心のようだった。無鉄砲に事件現場にやってきたが、どこから、どのように始めたらいいか、漠然としていた。ところがその時「待ち人」が現れた。被害者が所属していた職場の側から、発生した事件に介入してほしいと求める場合は非常に珍しく、特にセクハラのようなセンシティブな事件の場合は、一歩、いや十歩くらい遠ざかって見守るのが普通の会社員だ。だから、新しく赴任した事務所の責任者に助けてもらえるとは最初から考えていなかった。しかし、彼女は違った。移動手段があまりない現地でタクシーやバイクを呼んでくれて、元社員はもちろん、参考人として調査すべき人たちを積極的に探し出してくれた。彼女の善意がなかったら、慣れない異国で第二の被害者を見つけ出すのはおそらく不可能だっただろう。善意と情熱を込めた心が集まって真実の火を灯すという信頼の経値が、彼女のおかげで高まった。

ブルンブルンと音を出すバイクの後ろに跨って、参考人の家を訪れた。韓国食堂をしていた中年の女性は裁判には関わりたくないと言いながらも、重要な手がかりを教えてくれた。「私が直接見たことはないけれど、前の所長のことで、ちょっと、そういう評判は聞いたことがあります。会う女性みんなにセクハラ発言をしてたって。そういう話なら私も少しは聞きました。私は年も年だから、気にせずに放っておいたのですが」。彼女の陳述は直接的な証拠ではないが、事実を証明する重要な状況証拠になるに十分だった。

午後の遅い時間に事務所で会った元職員のWは、待ってましたと言わんばかりに、心に留めておいた悔しい思いを吐き出した。彼女もやはり元所長のセクハラの被害者だった。

彼はしばしば彼女を抱きしめようと試み、そのたびに「大人の男性が若い女性を抱きしめるのは韓国の文化」だと説明したという。Wは自分と一緒に働いていた調理師Pの話もはっきりと覚えていた。「所長がシャワーを浴びるとき、いつもドアを開けっぱなしにしていたそうです。そして毎回Pにタオルを持ってこさせて、シャワーのあとにタオルだけを巻いて出てきて動き回り、ポルノを観ながらPに体を触ってほしいと要求したそうです」。Pに会いたかったが、Pの知人も正確な居場所を知らず、故郷に帰ったのではと話すだけだった。Pの故郷はプノンペンからバスで丸一日かかる場所にあった。出張を引き延ばして故郷に行ってもPに会える保証はなかった。そしてPの陳述がなくても、Wの陳述だけで人権委員たちが十分に真実を判断できるだろうと考えた。

約束されていたインタビューをすべて終えたとき、いつの間にか事務所の庭に夕日が射していた。ホテルに戻る交通の便を調べていると、新しい所長が寮に泊まるようにと私を引き留めた。「被害者が使っていた部屋で一晩泊まってみるのも調査に役に立つのでは?」。間違っていなかった。何よりも一人でホテルに帰る気になれなかった。私は迷わず、寮で一泊することにした。「ですが、部屋が少々暑いんです。大丈夫ですか」。夜道が怖く、疲れており、事件もうまく解決しそうで気が緩んでいたのか、すべてを肯定的に解釈した。先輩調査官は証拠を見つけるためにお墓で寝たこともあるという。一晩の暑さぐらいがなんだというのか。「ノープロブレム、ドントウォーリー」と明朗に答えたが、それは「少々暑い」がどんな意味かを知らなかったからだ。

　ブリキ屋根から降りてくる熱気のために茹でイモになる直前、私は引き戸をがらがらと開けて外に飛び出した。熱帯の木の上は鳥のさえずりであわただしかった。遠くからバイクが通り過ぎる音も聞こえた。一晩で庭のマンゴーツリーが指尺一つ分は生長したように感じられた。朝食を用意していたカンボジアの女性が、私を見て明るくあいさつした。

「グッドモーニング。よく眠れた？」「グッドモーニング。本当に、本当に暑くて死にそうだった」と言おうとしたが、ぐっと飲み込んだ。その瞬間、彼女がこの寮で毎晩熱帯夜を過ごしている事実が頭をよぎったからだ。その部屋にいた被害者たちのことも思い出した。窓もない狭い部屋で、セクハラをする上司が怖くて引き戸をしっかり閉めて寝ていた彼女たちが感じた暑さと恐怖を考えないわけにはいかなかった。

　プノンペンのセクハラ事件は二つのいい前例を残した。第一に、海外出張調査の初の前例となり、第二に、これまでになかった高額の損害賠償額を勧告した事例として記録された。人権委員たちはすべての状況証拠を通して陳情内容を事実と認め、最低限の反省も謝罪もしない加害者に三千万ウォンの慰謝料を勧告した。また、個人的にも嬉しいことがあった。その年末、女性団体が主催する「女性人権保障踏み石《ティディムドル》賞」（全国性暴力相談所協議会は二〇〇四年から性暴力被害者の人権を守り、反性暴力意識を高めた機関や団体に授賞している）を受賞した。積極的な事件解決によってセクハラ事件に関するいい「前例」を残したとの理由だった。

小麦粉が深い味わいのあるパンになるには、発酵過程が重要だそうだ。パンを発酵させることが目に見えない微生物の仕事であるように、誰かの無念を晴らすには、法律の知識や調査技術の向こうにある勇気や情熱、善意、正直さといった見えない心が必要ではないか。プノンペンのセクハラ事件は、被害者と参考人たちの勇気と善意、そして調査官への役員たちの信頼のおかげで真実を見つけ出せた事件だった。

事件の調査が終わってからいくつもの季節が過ぎたある日、明洞《ミョンドン》にあるカフェで被害者に会った。国際機関で働くのが夢だった彼女は、大きな事件を経験してからも挑戦を止めなかった。新しい職場でアフリカ救護事業を担当することになり、まもなく出国すると話した。事件が終結したあと、時々、陳情人のことが気にかかることがあるが、頭の中で考えているだけだ。事件終結後に、その後のことを尋ねたのは彼女が初めてだった。プノンペン事件は様々な方面で新たな前例を残した。カフェを出るとき、彼女が小さな箱を一つ差し出した。ふかふかのウールが裏地になっている黒い革の手袋だった。もらえないと首を横に振ると、彼女はこう言った。「調査官、調査官の手がずっと温かいことを願っています。私に手を差しのべてくれたときのように」。その言葉を聞いて、どうしても箱を押し返すことはできなくなった。

彼女のプレゼントは今も箱に入ったまま、箪笥の中にしまってある。私は冬になると、まるで年中行事のように手袋を出してはめてみる。そしてじっと考える。悔しい思いをした人々の苦痛と勇気について、真実に火を灯す見知らぬ人々の好意と善意について、そして何よりも、彼女の願い通り、調査官として私の手が今も温かいかどうかを。私が行く道にいい前例が作られるかどうかを考えるのだ。

受取人死亡

出張から帰った午後、机の上に「受取人死亡」という赤いシールが張られた郵便が置いてあった。受取人不明ではなく、間違いなく受取人死亡と書かれていた。大田に住んでいる陳情人に送った調査遅延通知書だった。もしやと思って担当の警察署聴聞監査室（警察組織の透明性と公正性のために各警察署に置かれた部署。警察への不満の訴えや問題提起ができ、捜査に関する願いや意見などを伝えることもできる。陳情書を提出し、それによって改善を要求することが可能）に電話をして尋ねると、悲痛な声で訃報を伝えてくれた。「先日、自宅で自ら命を絶ちました」。私はその話を聞き、受話器を持ったまま、慟哭《どうこく》してしまった。静かだった事務所に急に泣き声が響き、同僚たちは驚いた顔で飛んできたが、一度溢れた涙はなかなか止まらなかった。調査中に陳情人の死亡の知らせを聞くのは初めてではなかったが、あんなに慟哭したのは初めてだった。顔も見たことのないあの人の死が、どうしてあれほど大きな悲しみとなったのだろうか。

わずか十日前まで、毎朝電話をかけてきて事件の迅速な処理を頼んできた方だった。古物を集めて売っていた六十代の彼は、飲酒運転によって運転免許が取り消しとなった。お酒を飲んで運転したのは百回謝っても謝りきれないが、事故を起こしたわけではなく、何よりも運転免許がないと生計を立てることができず、すぐにでも飢え死にするしかないと言った。「一縷の望みにかける思いで電話しました。どうか助けてください」。彼は事件の過程を訊ねた私にそう話した。

もちろん事故の有無と関係なく、飲酒運転をしたのは明白な誤りだ。しかし運転して自宅に帰って数時間寝たあとに「現行犯」として連行されたという点から、逮捕までの過程に問題があったと考えざるを得ない。目撃者の通報があったが、運転が終了してから数時間も経った時点で、令状もなく、寝ていた人を連行したことを、的確な法の執行だと見るのは難しい。そう考えながらも、毎日電話をかけてきて事件の経過を尋ね、大変だと吐露する陳情人がもどかしく、イライラすることもあった。百件以上の陳情事件がキャビネットから溢れていて、個人的につらいこともあり、心が落ち着かない時期だった。突発的に、言ってはいけない言葉が溢れ出た。「そんなに運転免許が大切なら、最初から飲酒運転をしてはいけなかったんです」。吐き出してすぐに後悔したが、もう手遅れだった。

陳情人がカッとなって怒り出すと思ったのに、短い沈黙のあとに涙声を漏らした。「全部私が至らないせいです……」。いっそのこと大声でわめき、事件処理を催促する方がましだ。申し訳ないと涙ぐむ状況に困惑した。「申し訳ありません。言いすぎました。至る、至らないという問題ではなく、人間がいつも合理的な行動をするわけでもないので……だから騙されることもあるし……まあ、みんなそうです」。申し訳なく、まごついて何とかこの場を逃れようと、とりとめもなく教訓的な話を並べようとした。

そのことがあって数日が経ち、担当警察署に電話をかけて状況を把握し、幸いにも聴聞監査室も、逮捕までの過程に問題があったことを認めた。陳情人が求めているのは警察への懲戒ではなく、なんとか運転だけはさせてほしいということだったので、可能な方法を見つけてみるとの返事をもらった。しかし一度免許取り消し処分が下された以上、これを覆す手続きが簡単ではなかった。免許取り消し処分に対する異議申し立ての過程を踏むには、処理すべき行政の手続きが多かった。数回陳情人と警察署をつなげ、行政処理を手伝っているうちに、あっという間に三か月が過ぎた。免許取り消し処分の異議申し立てが受け入れられ、処分が緩和される可能性が大きいという情報を担当警察から聞いていた。

この過程を陳情人により詳しく説明し、希望を与えてあげるべきだったが、私は「一縷の望みにかける思い」という彼の言葉に注意を傾けなかった。もっと率直にいえば、注意を傾けていなかったわけではなく、知らないふりをしようとした。調査中に多くの陳情人が似たような言葉を言う。人権委が最後の希望だ、もうこれ以上行くところがない、ここでダメだというなら死んでやる、などなど。自分の問題がどうして人権侵害や差別にあたるかを説明する代わりに、ひたすら心情に訴えようとするのである。

似ていることを何度も聞いていると、そのひっ迫した状況を理解するより、そんなものだと思うようになり、ときには脅迫のように思えて、あえて知らないふりをしたくなった。そういう言葉が心に深く突き刺さった日は、水に溺れてもがき苦しむ夢を見たりした。調査官が行き詰まった人生を解決してくれると信じて訴えかける言葉を聞くたび、石が心に積まれていくようだった。亡くなったあの方が私に「一縷の望みにかける思い」と言ったときにもそう思っていた。調査遅延通知書を送り、処理遅延による責任から逃れようとする間、古物を拾って一日一日を過ごしていたその方の一縷の望みにかける力が焼け切れようとしているとは想像もしなかった。

もしもその方が求める結果が出なかったとしても、待つ間に希望が持てるように慰めの言葉をかけていたらどうなったのだろう。「今はつらいと思いますが、もう少し一緒に待ってみましょう。運転免許の再取得のためにみんな頑張ってくれていますから、きっといい知らせが届くはずです」と。一人の人間が死を覚悟し実行するまで、他人にはどうしようもない多くの事情と絶望があるだろう。だとしても人権委調査官の温かい言葉ひとつが、行き詰まった日々を送る人には助けになったかもしれない。一縷の望みにかける思いの人に必要なものは、大げさな慰めや希望ではないだろうから。

ずっと前に私の調査を受けていた若い警察官の顔が思い浮かぶ。彼は夜間当直中に二十代のろうあの青年を捜査することになった。青年は小さないざこざに巻き込まれて捜査を受けることになったが、刑事処分される事件ではなかったから、簡単な捜査のあとに帰宅許可が出た。警察署の監視カメラには担当警察官が玄関まで出て青年を見送る場面が映されていた。警察官は手を振り、青年は頭を下げてあいさつをする平凡な映像だったが、青年は警察署を出て公園に行き、自死を選んだ。

捜査中に強圧的な行為があったか、障害者に対する便宜提供が適切だったか、など人権侵害を確認する過程で、私は担当警察官に二回ほど会った。彼も慰めが必要な人だったのに、あのとき私は彼を単なる私の事件の調査対象者としか考えず、事務的に対応した。受取人死亡として郵送された郵便物を受け取り、遅ればせながらその警察官の心境を考えるようになった。調査の結果、警察の捜査と青年の死は関連がなかったが、彼も私のように起きてしまったことへの後悔でつらい夜を過ごしたのではないだろうか。警察署から釈放された明け方、家に帰れなかった青年の気持ちをじっくり考えながら、青年が発したSOSを見逃したのではないかと、映画を逆再生するようにあの晩の記憶を繰り返し思い出しただろう。

受取人死亡の郵便を抱きかかえ、慟哭した理由がやっと少しわかる気がする。亡くなった方への謝罪の気持ちは表向きで、実は自らを慰めようとする涙ではなかっただろうか。「仕事が難しいのではなく、人が難しい」。調査官たちはよくこう弱音を吐く。悔しい思いをしてこなかった人は、したことがないからその悔しさがわからないが、悔しい思いをした人はみんなそれぞれの理由を抱えている。彼らに会わなければならない怖さ、是々非々を判断しなければならない苦しみの中で、心もとなく揺れる空気人形のような私を見ているようだった。空気人形が話す言葉が、行き詰まった人を慰めることはできなかった。

「大丈夫ですか」。本を書いているという話を聞いた同僚が、本のタイトルとして推薦してくれた言葉だ。誰かに安否を尋ねるだけでも慰められる人がいるだろうと言いながら。同意を求める言葉でもあり、申し訳なさをあらわす言葉でもあり、ときには慰めにもなる質問。たいした問いではないが、つらいとき誰かがそう聞いてくれたら、安心する言葉であるのは明らかだ。

ずっと前に就職の面接の途中で泣いてしまったことがある。当然面接には落ちたが、いっぱい泣くと心が軽くなった。面接官がぶるぶる震えている私を見て、大丈夫だと、心配しないでいいと言っただけなのに、その言葉に涙が溢れ出た。あのときは本当に毎日泣きたい日々だったが、それを理解してくれた誰かに出会ったように思えた。私の親愛なる陳情人だけではなく、似たようなことをしているみんなに、この言葉で安否を尋ねたい。

「あなた、大丈夫ですか」

ああ、人権

陳情人の調査のためによく更生施設に行く。刑務所の正門から、高い塀に囲まれた受刑者の「居住地」に到着するまでには、ややこしい保安検査を受けなければならない。玄関で身分証を確認してもらい、所持品検査を経て、鉄のドアを過ぎると、保安課の建物の前まで小さな「広場」が広がる。広場はいつもすごく寒かったり、暑かったりする。アリ一匹がのろのろ歩く姿まで全部見通せるほど、何もない。調査室の案内を担当する刑務官は、常に私より何歩か前を大股で歩く。一日数十回もその空間を行き来する。人権委調査官を最もたくさん呼び出す場所の一つが、法で保障された誰かの権利をはく奪した人々が閉じ込められた場所だという事実はアイロニーでもある。刑務官の案内を受け、広場を通過するたびそう思うのである。

外部の人間で、刑務所に入り、受刑者に面談し、施設のあちこちを観られる権限があるのは人権委の調査官だけだ。検事も刑務所への監察権限があるが、結局は法務部所属だから、実質的には外部の人とは言いづらい。人権委が設立される前には拘禁施設の内部事情が外に知られることはほぼあり得なかった。閉鎖的な場所であればあるほど、当然ながら多くの人権問題が発生する。更生施設もまた人間が暮らすところだから、外で起きる様々なことが施設内でも起きたが、その様子はずっと激しく生々しいものだった。

刑務所の人権がだんだん改善されているのは確かだが、依然として国家が定める一人当たりの収容面積二・五八平方メートル（〇・七八坪）の基準に満たないまま、受刑者を過密収容しているのが現実だ。肩が触れ合わずに眠ることのできない狭い空間で、十人近くの人々が食べて寝て用を足しながら二十四時間一緒に生活することもある。刑務所の人権というと言葉は大げさだが、現実は人間としての尊厳を維持するために必要最低限の基準を保障する程度だと言える。

しかし犯罪被疑者の人権問題は、一歩間違えば彼らの罪を擁護していると非難されるときもある。「他人の人権を残酷に踏みにじった者の人権をなぜ保障しなければならないのか。彼らはもう人間ではない。顔と住所とすべてのプライバシーを公開せよ」。凶悪犯罪の被疑者の情報公開に対する賛否両論が日に日に過熱していく。刑務所の受刑者を外部に護送する際、顔が露出しないよう注意しなければならないという人権委の勧告には非難が殺到した。

残酷な殺人事件の被疑者の弁護を担当した弁護士に「悪魔の弁護士」という非難が殺到

し、彼の母親がショックを受けて倒れ、結局弁護を辞退したとの知らせを聞いた。彼は以前、裁判長として在任していた二〇〇八年、米国産牛肉の輸入反対夜間集会（キャンドルデモ）を主導した容疑で拘束されていた市民団体の活動家が提起した「集会およびデモに関する法律（集示法）」の「夜間集会禁止」規定に対する違憲審査を受け付け、憲法裁判所に裁判を要請していた。彼は殺人事件の弁護と関連したある新聞社のインタビューでこう心境を明かした。「私にとって二つの事件は同じような性質をもつ。あの時は集会、結社の自由を保障した憲法二十一条を、今は弁護士に助力を受ける権利を保障した憲法十二条を守ろうとしている。（……）弁護士なら被告人がどんな状況におかれていても、その人が嘘をつかず、悔しい立場に置かれているなら隣に立ってあげるべきだ。しかし、私は私の依頼人の立場を捨ててしまった」。このインタビューを読んで、とある事件を思い出した。

強姦罪で拘束され裁判を待っていた陳情人を調査したときだった。拘置所の調査室で彼が来るのを待っていたが、複雑な気持ちが交錯していた。そんな私の気持ちとは関係なく調査室に入ってきた彼は、すぐには座らず、顔を私の方にぐっと近づけて指で下唇をひっくり返し、傷口を見せてくれた。「警察がわざと頭を床に押さえつけたんです。口の中にまだ青あざが残っています。見てください。過剰鎮圧ですよね」。すでに逮捕されて数週間が過ぎた時点で、彼が言うほど鮮明な青あざには見えなかった。「私は従順に逮捕に応じたのに、いうまでもなく警察は故意にこんなことをしたんです。ミランダ警告（警察などの法執行機関が、身柄を拘束した被疑者を取り調べる前に行う警告。黙秘権があること、供述は不利な証拠として採用される可能性があること、弁護士の立ち会いを求める権利があること、経済的余裕がなければ公選弁護人を付ける権利があることを告知する）もなかったです」。

彼は人権委の調査官が、担当警察を処罰する権限を持っていると信じているようだった。陳情書にすでに詳しく言及されていた逮捕の不当さについて、顔を真っ赤にして大声で繰り返し語った。

彼は、夜勤を終えて明け方に帰宅する途中の二十代の女性を強姦した容疑で逮捕され、拘束された。すでに類似の犯罪で数年間の懲役刑を受け、事件が起きた日は彼が出所した翌日だった。書類で事件概要を読んでいた私は、もしかして日付や事件の経緯に誤りがあるのではないかと疑った。読んでいる内容が信じられなかったからだ。強姦罪で懲役刑を受け、出所してすぐに同じ犯罪を起こした？　夜勤を終えて帰宅途中の、まだあどけない女性の姿が思い浮かび、急なめまいとともに吐き気がした。

「これは人権侵害じゃないですか」と聞く彼に、何か一言でも言わなければと思ったが、どんな言葉であっても、口から出た瞬間にすぐ後悔しそうだった。どうにも収まらない怒りがこみあげてきて全身がぶるぶる震え始めた。私はなるべく平常心を取り戻そうと口を閉じて、口の中にたまった唾を何度も飲み込んだ。

「なぜやったんですか」

結局、思わずその一言を吐き出してしまった。人権侵害の被害者の立場で、調査官の前で精一杯自分の「苦痛」を訴えていた彼は突然、改まって姿勢を正した。「人権委の調査官は被疑者の側に立って調査すべきじゃないですか」。彼は人権委が何をしているところかよく知っていた。人権委調査官は被疑者の人権のためにも働く人で、どんなに悪い犯罪者でも手続きに沿って適切に逮捕され、捜査と裁判を受ける権利があることを知っている人だった。また彼が強姦の加害者だとしても、過剰鎮圧で傷害を受けない権利があなたにあると言われなければならない人だった。

「人権についてそんなによく知っているのに、何でやったんですか」。聞くまでもない質問がまた飛び出しそうだった。その後、調査をどのように終えたかよく覚えていないが、彼が主張する目撃者と証拠を答弁書に機械的に書いて捺印をもらい、調査を終えた。

彼を逮捕した警察官に人権委法の手続きによる陳述書を要求したとき、私はまた別の質問の前に立たされた。「女性調査官ならよくおわかりかと思いますが……あいつがどんなやつかご存じでしょう？　我々がもし故意に過剰鎮圧をしようとしたら、あいつはボコボコにされていたはずです」。強姦の被害者を病院に護送した担当警察官が覚えた嫌悪感は、私の嫌悪感とは比べものにならないほどだろうと思うと、これ以上調査を続けていく意欲も勇気も出なかった。私の心理状態を率直に告白し、課長の裁量で事件の担当は別の調査官に移された。

「どんなに悪辣な犯罪者でも弁護士を選任する権利があり、適切な手続きによる裁判を受ける権利がある」。いつからか、この文章の前で自信がなくなるようになった。あの日の強姦の被疑者に向けた怒りと嫌悪でぶるぶる震えていた私の姿が思い浮かぶ。

頭の中に描かれる人権の被害者は弱く保護されるべき無害な存在で、善良な市民か罪のない犠牲者、悔しい思いをした被害者だったが、現実に出会った彼らは必ずしもそういう存在とは限らなかった。彼らは時に悪辣で偽善的で欲深い存在に近かった。そのとき私は毎回驚き、戸惑い、人権を保護することに対する深い懐疑に陥った。人権を頭だけで理解している人間の限界かもしれないし、実際に人権の理念と現実の間に深い溝ができたせいかもしれない。最近になって溝はより深く感じられる。溝の上を飛び回るカラスのように、時に遠くから世の中を見下ろすようなときがあることを告白する。

お墓の隣にテントを張って

憲法裁判所や監査院（日本の会計検査院。国の収入支出の決算、行政機関の会計監査などを行う）のような憲法機関ではない以上、大韓民国のすべての政府機関は立法部、司法部、行政部のなかの一つに属する。国家人権委員会だけを除いては。監視されないすべての権力は腐敗するという言葉がある。このような真理を基にした制度が三権分立ということは小学生の頃から学ぶが、三権分立の安全装置が作動しない状況については、学校できちんと教えてくれなかった気がする。お互いを監視して牽制すべき権力機関が、これ見よがしに権力乱用のために力を合わせ、知らないふりをしている間に、数多くの人権侵害事件が起きてきた。

このような人権侵害の問題をもっと防ぎ、監視することはできないだろうか。この大きな難題のために、民主主義国家は様々な法律と制度を考案してきたが、そのなかの一つが、人権委のような機関を作ることだった。三権のどこにも所属せず、これらの機関を監視し、教育し、人権侵害と差別を防ぐための専門的な国家機関が誕生したのである。

自分の仕事をサッカーと同じくらい愛しているある調査官は、人権委はミッドフィルダーになるべきだとたびたび強調する。私はサッカーのことは詳しくはないが、ミッドフィルダーにたとえるのはもっともだと考えている。ミッドフィルダーが競技場の真ん中で守備と攻撃をつなぐように、人権委は国家機関と市民社会をつなげ、人権侵害を防ぐ役割を果たさなければならない。ミッドフィルダーがサッカー場の隅々まで気持ちよく走り回ってこそ素晴らしいプレーができるように、人権委もやはりどこにも縛られないことが命だと考え、止まらず走り続けなければならない。ミッドフィルダーのたとえは「独立性」という大げさな言葉よりもずっと理解しやすく、緑の広いサッカー場を誰はばかることなく走り回る調査官を想像できてとてもいい。

人権委がすべての権力から独立してミッドフィルダーのように走り回ることで、もしかして自らが権力になるようなことはないだろうか。そういう副作用を予防するために、人権委は裁判所や捜査機関のような法的強制力がある決定を下す代わりに、「勧告」を行う権限のみを持っている。何しろ人権とは法と制度以前に心によるものだから、十分な努力と説得の過程が必要で、そのためにも強制的な決定よりは勧告をすることが正しいと私は思う。法的強制力がある決定をクレーン車にたとえるなら、勧告は木の柄がついている小さなシャベルだ。クレーン車なら一時間で終わる仕事を、シャベルでは何日もかけて掘り出さなければならないだろう。私たちにクレーン車のような力はないが、数人で、ゆっくり、じっくり、シャベルで一杯ずつすくい出す真摯な面があり、その力で道も作り、山も動かせると怖いもの知らずで信じている。高速道路を避けて一般道を走るような様相だが、こういう遅さと非効率性は、人権の価値を実現させる際に避けられない時間と費用なのかもしれない。

私たちが信じて頼っている法律と制度は、私たちが期待するよりもずっと無力な場合が多い。すでに数千の法律があり、これから数千もの法律が作られたとしても、法の無力さを完全にカバーすることは簡単ではなさそうだ。法とは魚を捕る網のようなもので、どんなに精巧に作ったとしても、かいくぐる穴が必ずできる。穴がなければそれはもう網ではないだろう。だからこそ心のない法の無力さを埋められるのは心ではないだろうか。法律と制度を上手く作ることと同じくらい、誰がどんな気持ちでそれを遂行するかが重要だ。そして人権のためならなおさらそうでなければならないと思う。その心とはお互いを「少し悲しくて愛おしい小さな存在」として見つめることであり、それを私は「人権の心」と呼びたい。その心こそが、法律の網で救済できなかったつらさや悔しさの拠り所になれるだろう。

その心をいつも同僚たちから学ぶ。いや正確にいえば、同僚たちと共に過ごす時間を通して育てている。残業で疲れた体を癒してくれた食事やお酒、豪雪と豪雨と猛暑に耐えながら行った登山の日々、歌や、楽器とダンスを学んだ時間。昼食の時間を削り、どれほど多くの読書会や研究会を開いただろう。調査局の中や外で同僚たちと一緒に過ごしたその多くの時間のお陰で、走る力を得て、人権で生計を立てる私たちに必要な心を、少しでも温めようと努力することができた。私が出会った同僚の多くは情熱的で温かかったが、特に記憶に残る同僚がいる。

「これから運気が上がる、大吉だよ」

調査官たちの手相を見てくれるその人のレパートリーはわかりきっていた。若い頃より今が、今より年をとってからがよいという。二十年間、夏を除いていつも着ていたブルーグレー色のトレンチコートのように、古臭い見え透いた占いだったが、聞いていると不思議と興味をそそられた。世間知らずでお人よしに見える外見とは違って、巧みな話術や有名大学の哲学部出身という学歴的な固定観念と関係なく、本当に哲学者のようにみえるときがある。

その人は人権委に来る前、過去の独裁政権時代に起きた謎多き死と失踪事件を糾明する委員会で調査官として勤務していた。調査の数十年前に起きた過去の死亡事件は、恣意的な証拠捏造に加え、重要な目撃者が死亡したり、残っていた数少ない資料さえ放置されていたり、紛失したりしている場合が大多数だ。だからこそ、真実に対する確固たる信頼と無限の想像力、調査官の懇切丁寧な対応なくしては、調査を始めることすら不可能だ。どんなに有能な調査官でも、このような事件を目の前にすると、豪雨が降る真夜中に一人きりで山道を彷徨う気分になるのは当然のことだ。その調査官もそんな心情だったと思うが、挫折したり諦めたりはしなかった。代わりに、突飛な発想で突破口を見つけ出した。

二十年前に謎の死を遂げた青年の死亡原因を究明していたときだった。一縷の望みを求めて全国を回ったが、死亡原因の手がかりは出なかった。ある日、その人はテントと簡単な野営道具を持って被害者のお墓を訪れた。「やれる調査は全部やってみたけど、糸口は見つからなかった。もしかしてと思って、とりあえずテントを持ってお墓に行ったよ」。お墓に着いたとき、何よりもテントをお墓のどの方角に立てるかが一番難しい決断だったという。「もしも本当に魂があるなら、探しやすいところにテントを立てたかった。夢に出てきて死の原因を暗示してくれそうだったから」。テントの場所を東西南北と移しながら数日を過ごしたものの結局何も出てこなかったが、その調査官は頑なに自分の真心が足りなかったのではないかと自分を責めた。

まるで本当に幽霊を待っていた人のように語ってくれたが、実際は八方塞がりの調査の突破口を見つけるために数日間夜通し考え続けていたことを知っていたから、しばらく笑って話を聞いていたが、すぐに胸が苦しくなった。お墓の隣で夜を明かすことが調査に役に立つことがなかったとしても、気が気でない遺族にとっては、小さくない慰めになったのではないだろうか。遺族の苦しみを一緒に背負う真心と、死の真実を知ろうとする切実さが詰まった孤軍奮闘だったに違いない。

その調査官のこのような態度は、人権委が重要な事件に遭遇した際、星のように輝いた。軍隊で息子を失った父親は、軍の調査の疑問点を抱えて人権委を訪れた。事故を直接再現してみないと遺族の疑問点は解消されないと判断した彼は、科学的（?）推論の後に市場に行って、ちょうどいい大きさの豚の頭を注文した。お祈りでもするのかと思ったが、豚の頭を使って銃器による事故現場を再現しようとしていたのだった。専門家の意見だけでは事故の原因を受け入れられなかった遺族は、豚の頭を置いて状況を再現するのを目で直接確認した後、やっと結果を受け入れた。調査官がこのような提案をしたとき、結果は明らかなのにどうしてそこまで頑張るのかという指摘や、滑稽だという異論がなかったわけではなかった。しかし軍で息子を失った遺族に、すべての事実を最大限説明することが国家の義務だというその調査官の確固たる信念の前で、そうした指摘は力を失った。

私は運よくその調査官と一緒に何度も調査に行った。いつか地方の検察庁の現場調査に行ったとき、検事長の部屋でお茶を一杯ご馳走になった。形式的な「お客さん」応対に過ぎないのを知っていたので、早く立ち去ろうとしたが、ずうずうしい質問が飛んできた。「ところで、調査官の職級はどうなってますか」。人権侵害事件を調査しに来た人権委の調査官に聞きたいことが、たかだか当人の職級だというのか。失礼な質問だった。「公務員としての職級はありますが、調査官としての職級はありません」という、似たような質問を受ける際に用意しているいつもの答えを言おうとしたとき、緑茶を一気に飲み干したその調査官が素直（？）に答えた。「ええ、検事長、だから、私が、契約五号です」（当時その人は契約職員として働いていた）。ただ「五級です」くらいに言っておけばいいのに、契約五号とは。もしも職級を気にしていたら、たった二人で検察庁の現場調査に乗り込むはずがないでしょうが、といった目をしていた。それとなく職級を聞きだして上下関係を作ろうとした検事長の瞳孔が、これまで見たことも聞いたこともない「契約五号」という答えの前で地震が起きたように揺れた。私は微笑みながら緑茶をゆっくり、ゆっくり堪能した。緑茶の香りがあんなに香ばしいとは。

今はなくなった軍の刑務所施設を一緒に訪問調査したときだった。施設点検中にトイレの便器の中がアンモニアで黄色く汚れているのを見たその調査官が、掃除の不備を指摘した。軍の関係者はバツが悪そうな顔をして、若い兵士が使うものなので、どんなに掃除をしてもどうしようもないところがあると説明した。私は軍の説明を聞きながら、そうなのかもしれないと考えていたが、その調査官がトレンチコートの裾をなびかせながら、どこで見つけたのか、たわしと粉せっけんを持ってきた。そして私がまさかと思う間もなく、まっすぐに便器の前にかがんで座り、たわしにせっけんをたっぷりつけて、素手で便器の中をごしごし洗い始めた。彼が便器掃除に没頭している間、たわしと白い陶器が作り出す、ごしごしという摩擦音だけが軍の刑務所内部の静寂を軽快に壊した。一生懸命に掃除したが汚れが取れなかったという軍の関係者の説明とは違って、彼の素早い手つきに便器の中が真っ白に輝き始めた。

便器掃除を終えた彼がついに満足げな微笑みを浮かべて言った。「これを見てください。あっという間にこんなにきれいになりました。衛生管理も人権です。もう少し気をつかってみましょう」。軍の関係者は困惑し、私と他の調査官たちは笑いが込み上げてくるのを必死に我慢していて顔が真っ赤になった。そうだ。その調査官が本当に哲学者のように見えるのは、冗談で手相を見てくれて面白い話をしているときではなく、その人が持っている調査官としての誠実さを垣間見るときだった。人権委の生きた伝説になっているその調査官を見るたび、誠実さと真摯な態度こそ、調査官が必ず持っておくべき最高の美徳だと再確認することになる。

いつの間にか二十年の歳月が過ぎ、信頼して頼っていた先輩調査官が一人、二人と定年を迎え、健康面に問題を抱えた同僚も増えている。二十年前、メガネを頭の上まであげている先輩を見て「あれはなに?」と連発していた人たちもいつの間にか老眼に悩まされる歳になり、頭の上までメガネをあげて調査報告書を読んでいる。その姿がかわいくもあり、少し寂しくもある。先輩たちの空席はどんどん増え、その空席は後輩たちにはもしかして重荷になるのではないかという不安がある。

だからだろうか、最近職場で一番扱いが難しい人は、人権委員でも局長や課長でもなく、ずっと歳の離れた若い後輩たちだ。自分が年ばかりくった無能な人間に映りそうで、社会生活を長く送っているのが何の自慢になるのかと言われそうで、不安で怖い。後輩の前ではそっとつま先で歩き、声もひそひそ低く小さくする。目が合ったら、初恋の人に出会ったかのようににっこり笑う。親しい同僚はこんな私を上辺だけだと笑うが、仕方がない。私は人権委の人事担当者より、後輩たちからいい評価を受けたいから。ときに、そっと、新入職員にメッセージを送る。「一緒にご飯行きませんか」。すると、すぐにはつらつとした答えが返ってくる。後輩たちのことを難しいと感じるのは単なるあなたの言い訳で、ただ自分たちに興味がなかっただけだと教えてくれるようだ。様々な背景を持った様々な人々が同じ空間で人権のために働き、時々優しい気持ちで交流するという事実が奇跡のように感じられる。

最近引退したKは労働運動をしていた時代に暮らした小都市の市場の路地に帰った。普段からKが言っていた通り、古い市場の隅でベトナムフォーを売っていた小さな店舗を借りて、移住労働者のための法律センター「モモ」を開いた。私たちは「モモはまだ子ども」という歌詞が出てくる古い歌を歌いながら、心を込めてKに拍手を送った。労働運動をして、年を取ってから法律を学び弁護士となったが、法廷に立つ代わりに人権委を選択したKらしい引退後の人生設計だった。

未来への願望が半分、冗談が半分で、引退後の私の夢を同僚たちにそれとなく言ってみる。引退した調査官を集めて「正義実現行政団」という名のNGOを作って活動しようという夢だ。ほかのことはわからないが、公務員の経験を活かして行政分野に必要な人権活動を見つけてみよう、大げさなことではなく、「遊び半分、休み半分」でできる楽しい人権運動になるだろう、引退した人権委のミッドフィルダーとして、広場でのどの渇いた人々に水を分け与えられる仕事をしてみようと語る。遠くて近いその日のために、同僚たちの横っ腹を今のうちからぷすっと刺してみるのだ。団体名を聞いてすぐ「ダサい」と笑うが、私の話に耳を傾け、すぐに「いいじゃない」と乗り気になってくれる私の親愛なる同僚たちがいるから見られる夢だ。一人で見る夢ではなく、みんなで一緒に見ている夢だ。

親切な調査官のハラハラどきどきの綱渡り

夏服を整理していたとき、急に常連さんの陳情人を一人思い出した。炎大下に分厚い服を着て歩き回る彼を見るたび、あまりにも暑そうに見えた。「アルムダウンカゲ」（「美しい店」という意味のリサイクルショップ。企業から寄付を受けたものを売って、社会活動を行っている）に持って行こうと分類しておいた夏服から数着を彼に持って行こうかと思ったが、すぐに止めることにした。これをきっかけにまたお願いをされたらどうしようと心配が先立ったからだ。いざ服を持って行っても断られるかもしれない。彼が断ったら、気に障るし呆れたと思いそうだった。

ところが、よりによって月曜日に出勤したとき、その「顧客」に会った。「お元気でしたか、先生。最近はあまり見かけませんでしたが、何かありましたか」。彼はまるで昔からの同僚のように私にあいさつをした。コロナが始まり、リモートワークをしていたから、その方の「出勤時間」に私の姿を見なかったようだ。それを知った上でうれしそうにあいさつをするので少し困惑した。「ええ、そうですね」と適当に話し、素早くエレベーターに乗った。一瞬しか見なかったが、彼が持っていた荷物がかなり増えたように見えた。両手と肩に垢のついた鞄がぶら下がっていた。

彼は顔見知りの調査官を見ると「タバコを貸して」と言った。タバコをくれと言わず、必ず貸してと言った。タバコを返すようには見えなかったが、彼にタバコを三、四本貸してくれる調査官は必ずいた。彼が財布を忘れたから食費を貸してと言うと、ご飯の代わりにお酒を飲むのではと心配しながらも食費を貸す調査官もいた。私と仲のいいJがタバコや食費をよく貸してくれるから、彼は私の顔まで覚えたようだった。

調査官によって「顧客」と向き合う態度は少しずつ異なる。事務的な対応以上の歓迎はその方々に（もちろん調査官の業務にも）役に立たないから、厳格に距離を保つことが必要だと考える人もいれば、Jのように気づかう人々もいる。私は大体その中間でハラハラどきどきの綱渡りをしている部類のようだ。

出張中、事務所の電話を携帯へ転送する設定にしておいた日のことだった。出張先に到着してコーヒーを飲んでいるとき、電話がかかってきた。「調査官、私のこと覚えていますよね」。相手は電話に出るやいなや、いきなり自分を覚えているかと尋ねた。鼻にかかった高いトーンの声となれなれしい話し方は、どこかで聞いた覚えがあった。頭を回転させて相手が誰かを思い出そうとしていたら、失望の混じった声で相手が言った。「あら、私のこと覚えていないようですね。私です、陳情人の○○ですよ」。名前を聞いてすぐ顔が思い浮かんだ。常連の顧客である彼女の声を部署が変わってから忘れていた。一時は持ってくる事件の数では陳情人の中でもトップを争う人だったが、最近になってその件数が減ったという話を聞いた覚えがあった。彼女が出した陳情を何度も却下して「ひどい女」だと悪口を何度も言われた。

ところで、何で数年ぶりに急に電話を？　数年前に却下した事件で私を訴えるつもり？　情報公開を求めようと思って？　警戒心を悟られないよう、うれしさいっぱいの声でよく覚えているふりをした。「もちろん、覚えていますよ、当然です。ここしばらくお会いしていなかったですが、何かあったんですか。今もK市にお住まいですか」。常連が見えなくなると安否が気にかかる。特に若干の妄想性障害やアルコール性認知症が疑われていた陳情人が見えなくなると、精神病院に強制入院させられているか、罰金未納で拘束されている確率が高い。彼女もそうだったようだ。病院に入院している間に後悔をたくさんしたと言い、私にあれこれ近況を尋ねた。

隣で通話を聞いていた会議の参加者が、人権調査官は陳情人と接する態度も素晴らしいと褒め称えた。通話では仲良しに聞こえたようだ。私はなぜか少し恥ずかしくなった。外から見るのとは違って、本音ではぜんぜん仲良しだと思っていなかった。もしや通話を録音しているのではないかと心配し、警戒し、不安な気持ちを隠そうとしたためか、手の平が汗でびっしょり濡れていた。

陳情人と接すると、空中で一本の綱を渡っている気分になるときがある。不安な気持ちを表に出さないのが社会生活の基本だとしても、今や心にもない優しさを誇張することまでいつの間にか基本になりつつあるようだ。綱渡りの技術が日に日に上達し、空中回転のような技術まで体得できそうだ。

イ・ギホの小説集『誰にでも親切な教会のお兄さんカン・ミノ』(日本語版は斎藤真理子訳、亜紀書房刊)には、一見誰にでも親切だが、実際には誰にも親切ではない人々が多数登場する。イ・ギホはあるインタビューでそっとこんな話をした。「『カン・ミノ』は自分が何をしたか、また何を発したか、きちんと覚えていない人です。『誰にでも親切』に見えますが、だからこそちょっと危険な人物です。他人を自分と『同一化』してしまう人の典型です。それは『誰にでも親切』に見える人が、実は『自分にだけ』親切な人だという意味でもあります。こういう自己都合で『親切な』人の気持ちは長続きせず、一時的で終わります」。そして、彼はこう付け加えた。「私の小説の人物たちはそこそこ道徳的な人ですが、だからこそ時に『恥ずかしさ』や『罪の意識』を感じたりします。それは『道徳』を身につけ、『ある程度』社会規範として実践もしているけれど、それ以上のことができない。そこから来る恥ずかしさだと思います。『ある程度』に留まっているのが一番いやなことなのに、自分自身もそれしかできないんです」[*9]。イ・ギホのインタビューを読みながら、少なくとも私が恥ずかしさに気づいたという点では幸いだと思った。自分にだけ親切な人は私だけではないという事実に、妙に慰められたと告白しておこう。

作家イ・ギホは小説を通して道徳的な人間を疑う。私は陳情人と綱渡りをしながら自分自身を疑っているところだ。そして危ない綱渡りでも、落ちないように一生懸命に挑んでいる最中だ。非常に薄い濃度の優しさだとしても、なんとか踏んばっている。

＊9　「イ・ギホ『あなたの歓迎は誰のためのものですか』」「チャンネルイエス」二〇一八年六月十九日。

誰がより悪党か

むやみに声を荒げる陳情人に出会うとつられて腹が立ち、百メートルを走ったみたいに心拍数が急増する。

「先生、私ももう年を取りましたし、誰かに乱暴に罵られると気分が非常によくありません。そういう話し方をなさるなら、もう電話を切ります」

数日間、朝九時になるとすぐに電話をかけてきて同じ話を繰り返し、大声でまくしたてる陳情人に、私はついに厳しい態度を見せた。調査官がこう出ると、普通は相手が少し戸惑うが、この方は引き下がらず、怒りを爆発させた。「君、今、年を取ったと言ったか？私はもう八十九だよ。君はいったい何歳だ？」。相手の八十九歳という言葉に私は参ってしまった。「は、八十九ですか。私よりずいぶん上ですね……そ、それでしたら、今のままで大丈夫です。ただ、声のトーンを少し落としていただけませんか。耳が痛くなりそうで……」「今、なんて言った？」「……」。何か話すといつも「君、今、なんて言った？」

と言うのは、もしかして聴力の問題かもしれないと思って、相手の方と同じようにボリュームを上げて話したら、意外と話が通じたようだ。

隣で聞いていた同僚が、忍耐力があると親指を立ててくれた。忍耐力があるわけではなく、同病相憐れむ心で優しくしたのだとは言わなかった。その頃、久しぶりにフランチャイズのハンバーガーショップに行ったが、無人販売機（セルフレジ）の前で恥をかいたことがあった。慣れないハンバーガーのメニューを選び、ドリンクまで選択して最後の決済画面に到達したが、急に「カードですか、現金ですか」という音声が流れてきた。音声で聞かれたので、音声で答えたらいいのだろうと思い（これが自然な反応じゃないだろうか？）、画面に向かって大声で「カード」と答えた。反応がないので、もう一度「カード」「カアドォ」と叫んだ。無様な私を見ていたアルバイトの人がカウンターの奥から急いで走ってきて私の手からクレジットカードを奪い、機械に挿入した。以後私は無人販売機を見ると睨むようになった。むやみに声を荒げていた老人も、もしかして私のことを無人販売機のように感じていたのではないだろうか。何か一つ尋ねるたび、よくわからない法律用語を連発して、あれこれ書いて出せと言われるが、目もよく見えず、声もあまり聞こえず、調査官のロボットのような態度に無視された気分になり、大声を上げているのではないだろうか。だからといって大声で失礼な態度を取る権利があるとは思えないが。

実際、八十九歳の老人の無礼くらいなら、そういうものかと思って、気にしないようになったのは、本物の怒り誘発陳情人のお陰だ。いつだったか、とあるお偉い協会でお偉い法律顧問をしているという弁護士の陳情事件を調査したことがあった。息子が違法逮捕されたとの内容だったが、現場の監視カメラや目撃者の陳述などを細かく調査しても、違法逮捕と捉えるのはかなり難しかった。初対面で私の顔をまっすぐ見つめ、弁護士でもない方が調査業務をしているのは「すごい」と褒め称えながら、自分の職業的地位を強調した瞬間から嫌な予感がしていた。あえて被害者の調査を自分の事務所でやってほしいと江南のラグジュアリーな弁護士事務所を見せてくれた。

彼がすごい方であるのはともかくとして、陳情内容は人権侵害ではないと判断された。彼は委員会の判断理由をきちんと聞く前に、偏った調査だと声を荒げた。調査結果の根拠となる直接的な証拠と資料について説明すると、彼は落ち着いた口調で私を諭し始めた。「私が警察を直接訴えられないから、調査官ごときに仕事を任せたんだと思いますか。解決する自信がないなら、初めから引き受けるべきじゃなかったんですよ。あなたのような調査官一人くらい、捜査機関と法廷に何度も引っ張りだせますから。誰が勝つのかやってみましょう」。そして電話を切ってすぐに課長に電話をかけて、調査官の管理をしっかりしろと怒鳴った。

公務員は訴訟になることをひどく嫌う。自分が間違っていなかったとしてもだ。ある程度社会的地位のある中堅の弁護士から訴えられたら、潔白さとは関係なく捜査機関や法廷に呼ばれ、厳しい日々を過ごすことになるのは目に見えていた。もう少しで九十になる老人の無礼は耳を痛め、気分を悪くさせるが、自分の権力や人脈を見せびらかす部類の無礼は調査官を萎縮させ、心臓の弱い調査官の睡眠を奪うこともある。

課長と通話を終えるのを待ってから、静かに息を整え、男に電話をかけた。声が震えるのを気づかれないように、一言ずつ切りながら、ゆっくり話した。調査官を訴えるのは弁護士の権利だから好きにしてください。だが、私は訴えられるのが非常に怖い。そして先生のように力のある方が私を告訴すると言うなんて、心配になり、眠ることもできず、ご飯ものどを通らないと思う。しかし、こんなふうに相手を怖がらせる行為が脅迫罪に該当することくらい、弁護士だからよくご存じだと思うので、説明はしない。こういって電話を切った。落ちついて伝えたが、心の震えはなかなか止まらなかった。それから五分くらいあとだっただろうか。弁護士からまた電話がかかってきた。考えてみたら息子のことで興奮しすぎたみたいだ、すまないと言った。私はわかったと言ったが、彼が本当に申し訳なく感じて謝罪しているとは思えなかった。彼も独立機関である人権委の調査官を脅迫した罪で訴えられたら大変だと気づいただけだろう。隣で聞いていた課長が親指を立てて見せた。大声で失礼な態度の老人とお偉い弁護士のうち、どちらがより「悪党」か。私は本物の「悪党」とだけ戦いたい。

「人権の守り手」と「人権（攻撃）の受け手」のはざまで

人権委の調査官たちは様々な集会やデモの現場で「人権の守り手」として活動している。市民たちの正当な集会の自由を保障するために、警察の過剰鎮圧や不当な言動、職務質問、証拠採取などを予防し、監視するのが目的だ。守り手として現場に出るとき、調査官は背中に「国家人権委員会」と大きい白文字が書かれた水色のベストを着る。人権の守り手の公式な服装であるこのベストはポリエステル繊維の安いレジャーベストと変わらないが、裁判官や検察官の法服や医師の白衣のように、人権を守る者としての所信と責任を象徴する服だといえる。この服を着て現場に留まっている間は、少なくとも気持ちだけでも「ワンダーウーマン」や「スーパーマン」のような態度が要求される。「どこかで、誰かに、何かが起きたら」すぐに飛んでいく力強い存在。少なくとも集会やデモの現場で市民たちが人権の守り手に期待するのは、まさにそういうことだ。

しかし人権の守り手は当然ながら「アベンジャーズ」のような救世主にはなれない。水鉄砲の使用を即刻中止させたり、車で壁を作って道をふさいだ警察を即時に撤収させたりはできない。強制排除の現場で人々を追い出す男たちやクレーン車、ダンプトラックを退かすこともできない。デモ隊と警察の間に中途半端に入って、注意を促し、証拠写真を撮ったり、せいぜいプラスチックのホイッスルを鳴らしたりするだけだ。「その程度しかできないならなぜ来たのか」という抗議が殺到しても、監視とモニタリングが目的の人権の守り手が、警察の法の執行を即時に中断させる権限はない。少し休憩を取ったり、日陰に座っていたりする人権の守り手の写真が「倒れ込んだ人権委」「手をこまねく人権委」というタイトルで記事になり、屋外で色が濃くなるメガネをかけていたせいで、「色メガネ」をかけて人権侵害の現場をほったらかしにしたという非難を受けたりもした。明らかに限界がある守り手の活動に対しての正当な批判もあるが、そういう話を聞くと力が抜け、つらい。

人権委調査官として二十年近く、いくつもの集会やデモの現場で人権の守り手として活動したが、密陽《ミリャン》での記憶は今でも胸が痛い。密陽の送電鉄塔建設に反対する住民たちが送電鉄塔建設予定地に掘っ建て小屋を建て、寝泊まりしながら座り込みを続けた。送電鉄塔が建つ予定の土地は、高齢の住民たちが一生をかけ、田んぼや畑を耕し、子どもたちを育ててきた生きる基盤だった。

十年近く続いた送電鉄塔建設の反対闘争*10は、二〇一四年六月十一日に密陽市が掘っ立て小屋を撤去する行政代執行（行政における強制執行手段の一つ）を予告したことで、緊張が最高潮に達した。密陽市の公務員と警察官合わせて二千人余りが行政代執行に投入されるとのニュースに、全国の人権活動家と取材陣が現場に駆け付けた。人権の守り手十三人が明け方五時頃、現場に到着したが、私たちに向けられた住民と人権活動家の視線は冷たいものだった。行政代執行をすぐに中止し、平和に暮らしてきた生活の場が送電鉄塔建設で消えるのを止めさせてほしいと要求する住民たちに、人権の守り手は行政代執行を中止させる権限がなく、「重大な人権侵害が目前で発生する場合に緊急の措置」を講じることに限定されているという説明だけをオウムのように繰り返した。

それでいいのか、生活の場が無慈悲にも破壊されることよりも重大な人権侵害などあるのか、学はないが人権が何かは知っているという高齢の方々の抗議、その妥当でまともな言葉の前で、人権の守り手マニュアルの内容を説明しなければならないという絶大なる無駄。私たちの言葉はどこにも届かず、そのまま虚空に消えたみたいだった。人権の守り手の活動の中で何度も同じ経験をしたが、まったく慣れない瞬間だ。

四つの掘っ立て小屋のうち二つが午前中に撤去され、三つ目の掘っ立て小屋の撤去が近づいていたときだった。掘っ立て小屋の付近で誰かが私を手招きした。今さら来たのかと私たちに怒っていたおばあさんだった。「山に登るのに、食べ物も持ってこなかったの？お腹空いたでしょ？」。明け方に宿泊先を出発して山頂にやってきたので、水の一口も飲めていない状態だった。おばあさんはあんパンと牛乳三、四パックが入ったビニール袋を差し出した。「これでも食べて腹ごしらえしなさい」「おばあさん、私たちは大丈夫です。住民のみなさんで食べてください」「大丈夫なはずがないでしょ。全部食べていくためにやっていることだから。これでも食べな」。どさくさまぎれにビニール袋をもらったとき、お昼の時間になっていたことに気づいた。

「食べていくためにやっている」と言ったおばあさんの話を証明でもするかのように、食事をする間、行政代執行がしばらく中断された。送電鉄塔の問題がなければ、住民たちは山の上ではなく、山の下の田んぼや畑で忙しい農繁期を過ごしている季節だった。びりびりした緊張感が少し弱まり、掘っ立て小屋の周りの森が目に入った。六月、最も美しい緑の時間を過ごしていた木々は静かで美しかった。日差しの下で木の葉が魚の群れのようにキラキラしていた。正午が過ぎれば掘っ立て小屋の撤去と共に伐採される木々だった。

昼休みが終わり行政代執行が再開され、つかの間の平和は消え、同時にあちこちから悲鳴が聞こえ始めた。掘っ立て小屋の中で体に鎖を巻きつけて抵抗していたおばあさんたちはあっという間に外に連れ出された。合板を使って粗雑に作られた掘っ立て小屋は、撤去作業員のトンカチ攻撃と足蹴り数回で簡単に壊れた。地獄のような現場で私は「気をつけてください、気をつけて」という言葉を数えきれないほど発した。

密陽のおばあさんたちが主張していた生命権や環境権、共同体の権利のようなものは、違法建築物に対する撤去命令と警察の公務執行という名の前では無意味なものと化した。人権の守り手が守るべきものは行政代執行法や刑事訴訟法ではなく、憲法で保障されている基本的人権でなければならないが、そういう価値は非常に無力だった。掘っ立て小屋に引火物があるかもしれないという話があって、私はすぐに掘っ立て小屋に入ることもできなかった。炎に囲まれる想像が私の足を引き留めた。掘っ立て小屋の中で首に鎖を巻きつけて横になっていたおばあさんたちが連れ出されたときも、おばあさんたちの首にかかっていた鎖が巨大な切断機で切られたときも、掘っ立て小屋でお祈りを捧げていた神父とシスターたちが強制排除されたときも、警察に向かってホイッスルを鳴らし続けただけだった。

山頂にあった四つ目の掘っ立て小屋の撤去現場では、負傷者の護送のためにヘリが出動した。ヘリは着陸できず、空中に留まりながら、長い梯子を降ろした。ヘリが負傷者たちを搭乗させる数分間、一度も経験したことのないすごい騒音と強風が起きた。地面にべったり座り込んで手で耳をふさぎ、膝の間に顔をうずめたが、息をすることができなかった。腐葉土と木の枝と砂ぼこりが耳、鼻、のどの中に入ってきた。

負傷者を乗せたヘリが去ると、ヘリの音に埋もれていた住民たちの慟哭が聞こえた。その間、韓国電力から送られた作業員たちは素知らぬ顔で掘っ立て小屋の周りの木々を切り始めていた。電気のこぎりが木に切り込む騒音は、悲鳴と少しも違わなかった。木々も倒れながら悲鳴を上げるということをあのとき初めて知った。抱きかかえることができないほど大きな木々が、骨が折れる音を出しながら地面に倒れるたび、あの森に暮らすすべての生命が上げる悲鳴が聞こえるようだった。六月の太陽がそのすべての悲鳴を飲み込み、オレンジの光として朽ち果てていた。

あの阿鼻叫喚の世界を残し、山を下りた。住民たち、人権活動家たち、動員された警官たちが、前後入り乱れながら、険しい山道を歩いた。二時間を超える下山の際、誰一人口を開く者はいなかった。「食べていくためにやっていること」と言ってあんパンをくれたおばあさんの顔が思い浮かんだ。おばあさんたちの食べて生きることと、誰かの「もっとちゃんと食べて、もっとちゃんと生きる」の間にある差。もっとちゃんと食べて、もっとちゃんと生きたいという言葉のせいで、私たちはより小さく、より悲しい存在になっていくのではないか。説明できない虚しさと怒りが心をいっぱいにした。手で顔をこすると、炭でも塗ったかのように手のひらが真っ黒になった。密陽駅のトイレで顔を洗ってクッパを一杯食べてから、夜の汽車に乗ってソウルに向かった。体は極度に疲れていたが、明け方まで眠りにつけなかった。

次の日出勤すると、一人の役員が人権の守り手の活動のお陰で深刻な負傷者も出ず、大きな衝突もなかったと良い評価をつけた。おばあさんたちの慟哭を聞いていない彼はそう言えるかもしれない。業務に復帰し、何ごともなかったかのように電話を受け、報告書を書きながら生活したが、にょきっと掘っ立て小屋の撤去状況が脳内に再現され、ヘリによって舞い上がった砂ぼこりに埋もれていたときのように息ができないときがあった。そしてしばらくは、横になるとおばあさんたちの泣き声、木々が倒れながら出した骨の折れる音、ホイッスルの音が聞こえた。

新型コロナウイルス流行後、大型集会やデモが禁止され、公式的な人権の守り手の活動も消えた。広場は真っさらになり、人権の守り手のベストはダンボール箱に入って、調査局の倉庫の奥深くに収められた。集会やデモが消えたから、人権の守り手の活動が中断されたから、人権問題が消えたといえるわけではない。目に見えなくなっただけだ。人権の守り手のベストはいつまでも倉庫に入れて保管できるが、人の問題はそうはならないだろう。光化門《クァンファムン》広場（景福宮の南門にあたり、門前の広場は集会やデモを行う場所として知られる。ソウルの中心に位置し、普段も道が混んでいることが多いが、集会やデモが行われるとさらに混雑する）を通り過ぎるたび、叱咤が聞こえてきそうだ。密陽で、龍山《ヨンサン》で、星州《ソンジュ》で、済州《チェジュ》で、私が知らない多くの場所で、痛切な声が聞こえてくるようだ。

以前とある週刊誌が集会現場の人権の守り手活動を紹介し、C調査官のインタビューと写真を載せたことがあった。その日、同じ現場で警察の盾に押され、額にけがをしたS調査官がぶつぶつ言った。「盾にやられたのは私なのに、何でCが記事に出たの？　Cは人権の守り手で、私は人権（攻撃）の受け手なのか」。この言葉のお陰でSは長いこと「人権の受け手」という愛称で呼ばれた。暗鬱だったコロナの時代が過ぎ、少しずつ日常が回復していくるが、これまでマスクに隠されていた多様な人権の懸案が、再び広場に溢れ出ることを期待する。人権の守り手がたとえ人権（攻撃）の受け手になったとしても、水色のベストを着てその広場に立ちたい。

＊10　二〇一九年に警察庁人権侵害事件真相調査委員会は、送電鉄塔工事反対を止めさせるために過度な公権力を投入するなど人権を侵害した事実を認め、警察庁長官に謝罪するよう勧告した。

青瓦台の前を颯爽と

二〇一七年六月、青瓦台《チョンワデ》（景福宮の北側に位置するソウルの市民公園。二〇二二年五月まで韓国大統領府が置かれていた）の前の通りが全面開放となり、周辺の検問所も撤去された。検問で閉ざされていた青瓦台一帯を人と車両が自由に往来できるようになるまで五十年がかかった。そして今は大統領の執務室の移転により、青瓦台の前はもちろん建物の内部まで入って観覧することができるようになった。青瓦台の前の通りが開放されて数日後、タクシーに乗って青瓦台の前を通った。全羅南道《チョルラナムド》の霊光《ヨングァ》（古城山、太清山など山が多く、海に囲まれており、鞍馬島など六十の島から成る）出身だというタクシー運転手は、自身の車で青瓦台の前を颯爽と走る日が来るとは思わなかったと、感激した声で昔話をしてくれた。

「十八歳のときに一人でソウルに上京しました。妹や弟たち、母親を田舎に残して無計画に上京したんですが、将来も漠然としていたし、どんなに怖かったか。それでもソウルは広く、見るところも多く、すごくよかった。ある日、東大門運動場で全斗煥大統領が何か演説をすると聞きました。ソウルに来たから大統領の顔が拝めると思って見に行ったんですが、運動場の前は警察でいっぱいで、人々の鞄の中身をチェックしていました。ところが、よりによってその時に母親の言葉を思い出したんです。何でよりによってあの話が思い浮かんだのか……母親がね、『ソウルに行ったら人に気を付けろ、鼻を盗まれてしまうから』と言っていたんですが、その言葉が思い浮かんで、ドキッとしたんです。何がそんなに怖かったのかわからないけれど、ただ怖かった。それでそのまま逃げ出したんですが、すぐに警察に捕まりました。大統領の顔も見られず、警察署に連れていかれてひどく叩かれました。なぜ逃げたのか理由を言えというのですが、理由がなかったんです。鼻を盗まれるから逃げたと言っても信じてもらえなくて。夜通し殴られて翌朝に解放されましたが、いや、いま考えてもなぜあの時、私は逃げたのか、理解できません」

タクシー運転手の話が終わらないので、目的地をバス停二つ分くらい通り過ぎたところで降りた。話を聞かせてくれたことに感謝して数千ウォンのお釣りはもらわなかった。乗ってきた個人タクシーが遠ざかる姿を見ながら、気分がいいはずが、なぜか少し悲しい気持ちになった。タクシー運転手は武勇伝のようにケラケラ笑いながら昔の話をしてくれたが、若者が急に警察署に連れていかれて理由もはっきりせず殴られたとき、どんな心情だったのだろう。どこかに行って、悔しいと泣きつくこともできなかったはずだ。その日から、遠くに警察帽が見えるだけで心臓がバクバクしたのではないだろうか。

私は警察の人権侵害を調査する調査官だが、今も街で警察に会うと、一瞬にして心が縮こまることがある。理性による作用ではなく、古い記憶が呼び起こす反射的な反応だ。かなり昔、デモ隊について漢江大橋を渡っていたとき、赤いライトをぴかぴかさせながらついてきたペッパーフォグ車（韓国警察が使用する多目的ガス車）が急に何の前触れもなく、デモ隊に向かって無差別発砲を始めた。橋の下に飛び降りる以外、逃げる方法がなかった。デモ隊に向き合う公権力の発砲行為には、催涙ガスよりずっと猛烈な毒性が含まれている。それは紛れもなく市民に対する敵愾心《てきがいしん》と嫌悪だ。息をすることもできない苦痛の前で、後先考えずに走るしかなかったあの瞬間の記憶が、今も不意によみがえることがある。

国家情報院（大統領直属の情報機関・秘密警察）、警察庁、国防部など国家機関の間違った過去の歴史を糺《ただ》すために多くの法律が作られ、歴史の清算や民主化記念、時には革新という名前の付くいくつもの機関が生まれた。当然であり幸いなことではあるが、依然として明らかになっておらず、糺せない真実があまりに多い。「物語になった苦痛は、苦痛を受けた者を慰める」[*11]という言葉が好きだ。青瓦台の前の通りを通ることがまったく話題にならなくなるまでに、どれほど多くの物語がそこにあったのだろう。タクシー運転手の話のような、小さいからこそ胸が痛む物語がいまだにただ個人の話として残されている。社会にまだ知られていない公権力による人権侵害の物語が、文章で、映画で、絵で、今よりもっと多く語られるべきだと思う。存在するが見えない物語が私たちにはもっと必要だ。その苦痛を慰めるために、人権委調査官としてレンガ一つひとつを積み重ねたい。

仕事を終えて、ゆっくり歩いて青瓦台の木槿花丘《ムグンファドンサン》まで散歩をした。木槿花丘は一九九三年の金永三大統領時代に、安全家屋（政府の特殊情報機関などが機密漏えいを防ぐために作った施設。大統領と閣僚が意見交換を行う場所だった）を壊し、小さな公園として作り直したそうだが、名前通り数百本の木槿《むくげ》の木に咲いている花がとても美しかった。青瓦台の前の通りを走りながら、うれしそうだったタクシーの運転手のことを考えつつ「続けてみます」と大声で叫んでみた。

＊11　ホン・ウンジョン『ただ、人』ポムナレチェク、二〇二〇、一六二頁。

調査官の職業病

前の車が右ウィンカーを出して二つの車線にまたがって、動かず止まっていた。右折しようとしていた私たちはこの車に進路をふさがれ、信号待ちの身となり、約束の時間に遅れそうで不安な友人は腹を立てた。「え、なんなの？　右に曲がるなら早く曲がってよ」「右に曲がろうとしたのに、気が変わって直進しようとしてるんじゃない」「右ウィンカーついてるんだけど」「つけたのを忘れてるんじゃないかな」。

私の話が終わるとすぐに信号が変わり、前の車はタイヤの方向を変え、直進した。「へえ、不思議。何でわかったの？　さすが調査官は違うなあ。これからシャーロック・チェと呼ぶことにする」。運転する友人を落ち着かせようと適当に言っただけなのに、調査官という職業のおかげでものすごい推理で当てたみたいになった。

実際には、調査官という職業がシャーロック・ホームズのように見える瞬間は、出勤時に地下鉄で空いた座席を見つけるくらい珍しく、大半は単なるイライラ誘発者として分類される。「昨日ショッピングセンターに行ったんだけど、エレベーターが止まって二十分も閉じ込められた。救急車が出動して大騒ぎだった」。たいしたことのない日常に小さな事件が発生し、それを武勇伝のように話そうとしていた友人を質問責めにした。「何時に事件が発生したの？ 何人くらい閉じ込められた？ 最初の通報者は誰？ エレベーターが止まった原因はわかった？ 単なる故障？ 安全点検はいつ受けたんだって？ 精神的な被害も相当だろうなあ。謝罪は受けた？ 救助された人たちと連絡先は交換したの？もしかするとあとから必要になるかも」。どさくさに紛れて素直に「陳述」していた友人が、とうとう我に返り、こう言った。

「調査官のくせがまた発動したね」

私の職業病の最も大きな犠牲者は純真な我が息子ではないだろうか。「お母さん、本を読み終えたからパソコンしてもいい？」「本当に読んだの？ そうは見えないけど……ページをめくった痕跡がないじゃない。お母さんを見て、読んだところまでの主要な内容と論点について整理して話してみて」「……」。

「お母さん、今出発したよ。でも、道が混んでいてちょっと遅れるかも」「本当に出発したの？ 嘘だよね、音がハウリングしてる。騒音も聞こえないし。浴室にいるんじゃない？」「……」。母と話してると調査を受けている気分になるという息子に、母親はみんなそうだとごまかすが、私だって誰かがこんなふうに根掘り葉掘りしつこく尋ねてきたら相当気分が悪くなりそうだ。

二〇〇八年、ＢＳＥ（狂牛病）の危険性がある米国産牛肉の輸入反対キャンドルデモが連日ソウル市内のど真ん中で行われていた時期だった。市民団体所属で、当時ＢＳＥ国民対策会議で実務担当の責任者だった夫が「違法集会」を主導した容疑で手配された。ある日の朝、忙しく出勤の準備をしていたところに警察が押し入った。ニュースを通して家宅捜索された事実が報道され、私の携帯は鳴りっぱなしだった。家族や友人、同僚から心配と慰めの電話がひっきりなしにかかってきた。映画やドラマで見たように靴を履いたまま押し入った警察が家中をひっくりかえし、本や台所用品、洋服などがちらかって修羅場になった家で嗚咽する妻と息子……こんな場面が展開されたと考えているようだった。

ところが、私は調査官の立場からその日のことを興味深く観察した。「家宅捜索を文字ではなく『リアル』に体験する機会がやってきたか！」。玄関の前に警察を並ばせて身分証をいちいち確認し、家宅捜索の令状を受け取ってゆっくり細かく確認した。令状に書かれた捜査と押収の範囲に収まっているかどうかを調査官の鋭い目で監視した。警察の捜査はなんだか適当に見えた。いや、公務執行をこんな風に適当にやってもいいのかと、心配になったくらいだ。数十分後、捜査と片づけを終えて、ぺこりと頭を下げて去っていく警察官を見ながら小学校三年生の息子が言った。「わあ！　お母さんが調査官で本当によかった」。調査官の母親にいつもうんざりしていた息子もその日は自慢に思ったようだった。

実を言うと、私は自分の個人的な問題についてはあれこれ考えることなく適当に済ませる方だ。職業病の副作用かもしれない。他人のもつれた糸をほどくことにエネルギーを全部使ってしまったのか、自分のことについてはよほどのことでなければ、うやむやにして見過ごす落ちついた人間になっている。こういう落ちつきを成熟したと言い直したいが、率直に言って、ただのエネルギー不足に過ぎない。

幸い、似たような症状を訴える同僚調査官が多く、慰めになる。調査官が集まり会食すると、口から飛び出す米粒が初雪のように降り積もるくらいに激論が繰り広げられる。人権の歴史や哲学、価値などを巡って激論を繰り広げればカッコいいだろうに、事件に関するとても細かい5W1Hについて尋ねてばかりで、結局事件の具体的な内容は聞いてもいないことが大半だ。誰かが我慢できずに「これから仕事の話をしたら、一万ウォンの罰金を払うことにしよう」と声を上げると、しばらく論争が中断する形だ。

同僚の中に夫婦で調査官の人がいるが、夕食の食卓でも事件の議論をするという。「あのね、今日、入った事件なんだけど……」と話が始まるが、詳しく聞いてみると、事件の主な争点を把握し、法理を検討して夜を明かすわけではなく、大概は事件概要の段階で喧嘩をしてしまうことが多いらしい。夫は新米調査官の妻に5W1Hに沿ってしっかり説明するようにと指摘し、妻はベテラン調査官ならそれくらいの説明できちんと理解できないといけないのではないかと問い詰めるパターンのようだ。夫は自分の何が間違っているのかわからないと泣き言を言い、妻はどうして夫がそんなに冷たいのか、事件の担当調査官でもないのに、話をちゃんと聞かずにどうしてそんなに質問ばかりするのかと訴える。その話を聞いていた私は、夫の調査官としての悪いくせが直らないからだと言ってあげてもいいが、口を閉じることにする。きっと妻もこの仕事を長くしてみると、調査官のくせが直らず、自然とその理由を知ることになるだろうから。

事件に追われ、陳情人にあれこれ言われ、つらいと言いながらも調査官たちは会うとすぐ「あのね、私の陳情事件がね……」と語りながら目を輝かせる。本当のところ、人権委調査官は密かに職業病を楽しむ人たちだ。調査官の母親や父親を持つ子どもたちはとてもつらいと思うが。

十人がひと匙ずつご飯を足せば

二〇一一年、調査官たちが人権委の前で交代で一人デモをした。「鯛焼きには鯛がなくて、人権委には人権がない」「独善と不通で人権委が死んでいきます」「機能停止人権委員会、人権侵害委員会になろうとしています」のようなプラカードを持って、昼休みになると人権委の看板の下に立っていた。メディアへの寄稿を通して人権委員長と指導部の非民主的なやり方を批判したりもした。

当時、人権委は政権交代期を経て、人権機関の命綱のような独立性を自ら壊し、政権の子分の役割を公言した。[*12] 調査官たちの一人デモはこのような人権委の内情を国民に伝えようとする公益のための活動で、人権委法で保障されている表現の自由の体現だった。しかし、人権委員長は国家公務員法の公務員の品位維持義務と集団行為禁止規定を適用し、十一人の調査官に停職と減俸の懲戒を下した。これは不当な懲戒であると同時に、表現の自由を守るために作られた組織がむしろ表現の自由を抑圧する、非人権的な措置だった。

懲戒担当部署では当事者を呼び出し、間違いを認めて反省すれば重い懲戒は免れると言ってアドバイスを装った懐柔を試みたが、表現の自由を侵害したうえ、今度は良心の自由まで侵害しようとしていると、調査官たちが激しく抗議した。むしろ「停職《チョンジク》」ではなく別の種類の懲戒を下していれば、「正直な《チョンジク》」調査官たちを「停職」させたという非難は免れただろう。「正直な」調査官たちが恐れていたのは懲戒ではなく、人権委が自分の役割を果たせなくなることなのだと、「彼ら」は知らなかったようだ。

不当な懲戒を受けた調査官たちは六年間の長い行政訴訟を経て、幸いにも二〇一七年に最高裁判所で懲戒処分取り消し判決というハッピーエンドを迎えた。「正直な」調査官たちの懲戒は正式な手続きを経て全部取り消され、懲戒で減った給与も一気に振り込まれた。当事者たちが感じた心理的苦痛や見えない人事上の不利益までは解消されなかったが、遅まきながら、調査官たちの名誉は回復された。元人権委員長は彼らによって公務員の品位が損なわれたとし、その動きをなんとか封じ込めようとしたが、人権委の調査官たちは公務員の本当の品格とはどんなものかを堂々と見せてくれた。一審と二審で敗訴したあとも最高裁まで負けじと上訴を続けたのは、当事者たちに強い信念があったからであり、訴訟費用の募金に協力してくれた同僚たちの信頼と支援も大きな力になってくれた。

「正直な」調査官たちは勝訴判決を受けたあと、大きいスイカ一玉とアツアツの餅を全職員と食べながら感謝と喜びを分かち合った。スイカと餅が並べられた会議室のテーブルの前で、私はつい目頭が熱くなった。スイカの果肉のように赤く、餅のように温かい心が私たちに戻ってきたようだった。

同僚たちの連帯は人権委の中だけに限らず、外に向かっても続いた。春と秋には人権団体の活動費を集めるために、一日スナックや展示会、コンサート開催の知らせが、掲示板に多くアップされる。熱意溢れる数人の職員たちは直接イベントチケットを持ってきて販売し、購買を促したりもする。大多数が喜んで人権団体の後援活動に参加している。現場で人権活動家に会うたび、「私は人権調査官として満足している」と冗談を言うが、半分は本音である。こう思うのは私がお人好しだからではない。人権委は人権運動家たちの長い闘争のお陰で作られた組織で、彼らの献身的な活動があったから、調査、教育、政策活動を行えるようになったことを知っているからだ。人権委調査官はみんなこういう気持ちを共有しているだろう。

人権活動家たちに自分たちの思いをより具体的に表現しようと思って始めたプロジェクトが「十匙一飯《シプシイルバン》」だ。二〇一六年に調査官たちの大きな反響の中で始まったこのプロジェクトは今も続いている。十匙一飯は、十人がひと匙ずつご飯を足せば、一人分の一食になるというものだ。月給から一定額を支払い、人権団体の活動家たちの休息（労働ではなく！）を支援する基金を立ち上げようという数人の調査官の提案に、八十人を超える職員たちが賛同した。それぞれの状況によって一万ウォンから五万ウォンまでと金額を決めて支援している。集めた資金は人権財団を通して人権活動家たちのために使われている。

この基金は毎年二、三人の人権活動家の休暇に使用される。選定基準は、志願者がどんなによく休み、よく食べ、よく遊ぶ計画を立てたかによる。仕事を頑張りなさいという意図のファンドはもう社会にいくらでもあるから、よく休み、よく食べ、よく遊ぶことを支援するファンドも一つくらいあってもいいのではないだろうか。休んで食べて遊ぶことこそ、人間の尊厳を守る重要な要素であるにもかかわらず、実際にそういう権利のために闘っている人々の休息はきちんと保障されていない。人権委調査官の小さな気持ちが集まり、人権活動家たちの寝床となり、航空券となり、一食のクッパになると思うと、心が温まる。

十匙一飯をする別の理由もある。軍事クーデターが起きたミャンマー（ビルマ）の人権活動家たちのために何かをしようという提案だ。調査官たちによる「アジア人権研究の会」では、二〇〇七年からタイ北部のメーソート地域のミャンマー難民キャンプの子どもたちのために募金活動を行い、休暇をとって子どもたちに会いに行ったりもした。今もあの時メーソートに行ってきた調査官が書いた「メーソート報告書」がイントラネットの掲示板に残されている。報告書では、子どもたちが明るく笑っている写真の下にこういう文章が書かれている。

「四年前、初めて会ったとき、あまりにも小さくてスプーンもちゃんと使えず、誰かに食べさせてもらっていたチチがもう小学校一年生になりました。一人で鉛筆も削れます。私たちを覚えていて笑ってくれて、ついて回っていたチチのことが頭から離れません。同じ年頃のソフとリエリウは両親と一緒に他のところに引っ越したそうです。どうか捕まってミャンマーに連れていかれていないことを祈るばかりです」

この集まりは七年近く続いたが、ミャンマーの民主化が進み、支援事業を媒介していたマウンジョさんが二〇一三年十二月に韓国での難民の地位を返上して祖国に帰ったことで中断された。二〇二一年二月、ミャンマーで軍事クーデターが起きたあと、惨い人権侵害のニュースが続く頃、掲示板に文章がアップされた。「ミャンマーの人々の無事のために、人権委調査官たちにできる十匙一飯はないでしょうか」。

秋と共に豊かに伝えられていた人権団体の後援イベントは、新型コロナ以降消えてしまった。人権で生活している私のような人間が、心の負債を返す機会も減った。コロナ禍で厳しい時期を過ごし、私たちみんなが十匙一飯の気持ちを持つようになったようだ。人権委調査官たちの「十匙一飯シーズン2」を少しずつ準備すべき時期がやってきた。

＊12　二〇一四年、国内人権機関国際調整委員会（ＩＣＣ）は、人権委における人権委員の任命手続きの透明性や市民社会の参加が保障されていないなどの理由で「等級判定保留」決定を下した。人権委は、ＩＣＣ加入年の二〇〇四年からずっとＡランクを維持していたが、一四年に初めて等級保留の判定を受けた。ＩＣＣは世界百二十か国の人権機関の連合体で、四年ごとに各国の人権機関の活動を評価し、Ａ〜Ｃのランクを付けている。

夜道の恐怖

散歩をしようと着がえて外に出てから、雨が降っていることに気づいた。雨粒が大きかったが、傘をさして近所の森に向かった。週末農場の前にサニーレタス、チコリ、ロメインレタスなどの野菜の苗が並んで雨に濡れていた。薄緑の小さな葉の上に溜まっていた雨粒がころころと落ちた。雨降る森は静かながら、騒がしかった。森に住むすべてが四月の雨を歓迎し、色と香りのファンファーレを鳴らした。ちょうど咲き始めたツツジが恥ずかしそうなピンクの手を振り、雨の中の散歩者に微笑みかけた。

雨の中の散歩の楽しみに身を委ねたかったが、ある程度間隔を取りながら、後ろから近づいてくるもう一人の散歩者のせいでだんだん気が立ってきた。傘を深くさしていて顔が見えなかったが、体格がよいことは見て取れた。電話をするふりをして少し止まって男の出方を見たが、彼は黙って私を通り過ぎ、先へと歩いていった。

理由もなく散歩者を痴漢扱いしたようで申し訳ないと思いながらも、一度芽生えた不安はすぐには消えなかった。もしや森に隠れていた男が急に飛びかかってくるのではないか。週末農場の周辺にはがらんとしたビニールハウスも多いのに。雨の中の散歩の喜びだった人気《ひとけ》のない森の静けさが突然恐怖に変わり、急いで足の向きを変え、家路につくしかなかった。過剰な反応の可能性が高かったが、仕方がなかった。

女性たちへの暴力の危険は、漠然とした恐怖ではなく現存する実質的な危険だと知っているから、安全であるかどうかは私が何かを選んだり諦めたりするときの重要な判断基準でもあった。それは単に雨の中の散歩の楽しみを諦めることに限らなかった。知らず知らずのうちに日常の時間と距離の半径を狭め、世界への冒険や探検を妨げた。

三十代の頃にマンションの駐車場で強盗に遭ったことがあった。雨の降る夜道、急に誰かが私を襲い、分厚くぬめぬめした手が口をふさいだ。指を噛もうとしたが、腕力がどれだけ強いのか、顔を少しも動かせなかった。声一つ出せず、無抵抗に地下駐車場の入口まで連れていかれた。ちょうど見回りをしていた警備員が駐車場の方に懐中電灯を向けなかったら、あの日の見回りがあと数分遅かったら、私はあの暴力から抜け出せなかったかもしれない。あの日の記憶は普段は忘れているが、時々急に現れて、私を飲み込もうとする。

トランス女性のインタビューを見ていて、恐怖に対する感覚も性差別の結果であることを改めて知った。彼女は男性として生きている間は感じなかった夜道の恐怖を、女性として暮らして初めて知ったと告白した。肉体的には相変わらず強く、軍隊で習った武術の実力もそのままだったが、性別移行後から夜道が怖くなった、男性として過ごしていたときには一度も感じたことのない感覚だと話した。私は時々、小さい頃、弟たちのようにテコンドーを習っていたらどうだったかと考えた。武術を習っていたら、夜道を歩くのはもちろん一人旅も自由にできて、遠距離出張に行く際、安全な宿泊先を探すためにお金や時間を浪費することもなさそうだった。ところがトランス女性のインタビューを読んで、女性たちが感じる恐怖は武術を錬磨し力をつけたとしても（もちろん少しは役に立つだろうが）、根本的には消えないという事実に驚いた。

女性たちには非常に普遍的な夜道の恐怖を、普通の男性たちは知らないということを、息子を育てながら何度も感じた。夜遅くならないでと小言を言うたび、「はいはい、お母さま」と冗談交じりに答えていた息子がある日、驚くべき質問をしてきた。「母さんは夜道がそんなに心配なの？　僕が迷子になりそうだから？」。女である母親が一生を通して経験してきた恐怖心を、息子はまったく知らなかった。息子と話をして、普通の男性が夜道を恐れていないのは、（性）暴力の恐怖を想像しないからだということを知るようになった。これは性別による想像力の違いではなく、実際に存在する危険度が違うからだと明確に言う必要があるだろう。いつか、女性の先輩の二十代の娘がこんなことを言った。「カフェでちょっと席を外すとき、高いノートパソコンをそのまま開いて置いておくじゃないですか。もはや窃盗被害を心配する世の中ではないからです。でも、なぜ女性たちはいつも犯罪被害を心配しながら生きなければならないんでしょうか。私ってノートパソコンよりも安全じゃないんだって思うんです」。

こうした事実は政府の実態調査[*13]結果でもよく表れている。「夜遅く一人で出歩く際、性暴力を受けそうで怖い」と答えた女性は七十三・二%だったが、男性は十三・四%だった。「タクシー、公共トイレなどを一人で使用する際、性暴力を受けそうで心配する」との項目に対する女性（六十二%）と男性（十一・二%）の回答も顕著な違いを見せた。地下鉄、バスなど公共交通でも性被害の恐怖を感じると回答した女性たちが四十五・八%にも上った。実際に私が知りたいのは、（性）暴力の怖さをどれほど多くの女性が感じているのかではなく、この恐怖が女性の生き方を実質的にどれほど萎縮させているのかに関することだ。社会疫学者たちが差別と健康の相関関係を研究しているように、「夜道の恐怖」が女性の生をどれほど歪曲し萎縮させるか、より具体的な研究や調査があればいいと思う。

二〇一四年、米国コロンビア大学で「青いマットレス運び運動（Mattress Performance/Carry That Weight）」が広がった。二年生だったエマは自分の寮の部屋で性的暴行を受けた。類似の被害者たちの証言があったにもかかわらず、加害者は事実を否認し、エマを訴えた。この苦しい過程でエマは人々に自分の苦痛を「見せること」に決めた。加害者に対する抗議であり、卒業論文プロジェクトの一環として、性的暴行をされた寮の部屋の青いマットレスを肩に担ぎ、キャンパスを歩き回り始めた。「レイプはどこでも起きます。その苦痛を私はこのように、マットのように背負って歩いています。この苦痛がどうして被害者のものでなければならないのでしょうか」。彼女は講義室へ、図書館へ、食堂とグラウンドへ、青いマットを十字架のように背負い歩きながら、このように訴えていた。エマの苦痛を「見た」女子学生たち、そして男子学生たちもそれぞれのマットを背負って出てきて、エマのパフォーマンスに賛同し始めた。

この話を思うたび、私はキャンパス中が青いマットレスの波で溢れる想像をする。キャンパスを埋め尽くした青いマットレスは、見回してみると、世界のどこにでもある。江南《カンナム》駅十番出口に貼ってあった数千数万のメッセージと追悼の波、それは私たちの青いマットレスではなかっただろうか（二〇一六年五月十七日、ソウル江南駅付近のビルのトイレで、女性が面識のない男性に殺害された。加害者は警察に「女たちに無視された」と陳述し、メディアはこれを通り魔の犯行だと報道したが、女性たちは恐怖を訴え、女性嫌悪犯罪だと主張した。この事件により韓国では「フェミニズムリブート」が始まった）。夜道の恐怖はより多く研究されなければならず、より多く語られなければならない。恐怖の物語がまた別の恐怖の理由になるのではなく、青いマットレス運び運動になればいいと願う。

＊13　女性家族部「二〇一九年性暴力安全実態調査研究」女性家族部、一〇二〇、一二二頁。国家行政機関である女性家族部は性暴力防止および被害者保護などの法律によって、三年ごとに全国の成人男女一万人を対象に性暴力の実態を把握し、性暴力防止に関する政策立案のための性暴力安全実態調査を実施している。

息子のバイトを引き留めながら

夏休みの間、チキン屋でアルバイトをすることになりそうだと息子は喜んでいた。短期で働く人を採用するお店はほとんどないのに、運よく軍隊に行く先輩の仕事を譲り受けたということだった。人生初のアルバイトを目前にうきうきの息子とは異なり、働く場所が厨房だということに私は心配が先立った。チキン屋の厨房なら油をたくさん使う場所だろうし、火傷や火災の心配はないだろうか、油から出る煙は体に悪いと言われているのに、どうしてあえてそういうところで働くというのだろう。

息子が数時間後、暗い声で電話をしてきた。厨房で洗い物をすると思っていたら、生の鶏を洗って下ごしらえして油に入れて揚げる仕事をしなければならないと言った。時給は最低賃金。夜間に仕事を終えたら、終バスを逃すこともあってタクシーに乗らなければならないかもしれないという話も付け加えた。その店で一年以上働いた先輩は、鶏肉を揚げるときは特に注意しろと言って、火傷の跡を見せてくれたという。「母さん、先輩の手の甲には火傷の跡がいくつもあった」。私は火傷の跡の話を聞いて、我慢していたことを言ってしまった。「あまりにも危険だよ。必要なものは私が全部買ってあげるから、バイトは辞めたらどうかな」。世の中を知るには経験ほど重要なものはないと教えてきたのに、いまさら「私が全部買ってあげるから」だなんて……まるでヘリコプターママ（ヘリのように子どもの周りでうるさくあれこれ指示する母親の意）だ。この言葉に息子がカッとなった。やっと見つけたバイトなのに、辞めろと言うのか、そういうことは自分で決めると宣言した。一言一句正しかったが、それでも私は心配で不安になった。

　土曜日の夜、バイトを終えて帰ってきた息子は、元気がなく、ひどく疲れて見えた。日曜日までは無給のインターンで仕事を学ぶと言った。バイトで二日間も無給で働くなんて話にならないと思ったが、自分で何とかすると言われそうで、口をギュッとつぐんだ。五時間も鶏肉を下処理して、揚げて、洗い物をして、注文を受けて、自分以外に他のバイトはいないから、言われたことは全部しなければならない状況だと言った。「だけどさ母さん、本当に暑いんだよ。厨房にエアコンどころか換気扇もない。暑いのも嫌だけど、油を濾過するときは本当に気をつけなきゃヤバいと思う」。最低賃金のバイトに油の濾過までさせているというのか？　普通のコーヒーショップやコンビニのようなところにした方がいいと言ったら、あなたこそ世間知らずだという目で私を見つめた。そういうバイト先はなかなか見つからないし、大変なのは同じだと言った。

他の家の子どもたちが働いているのを見ると、不憫だけど健気で、一人前になった、若い頃の苦労は買ってでもした方がいいと気楽に考えていた。ところが、いざ自分の子が働くと思ったら、「稼ぎなんてせいぜい雀の涙程度だろうに」みたいな言葉がいとも簡単に漏れた。息子がやる仕事だと思うと、チキン屋の厨房の仕事が高層ビルの窓ガラスを拭くくらい危険に感じられた。私の子どもでなくても、誰かはその仕事をすることになるだろう。しかも、そういうバイトでも競争が激しくて先輩のお陰でやっと見つけたと言っていたではないか。チキン屋の厨房で一年以上働いたという息子の先輩の火傷が思い浮かび、顔が火照った。

夜遅く、ノートパソコンを開いた。韓国西部発電の事業所である泰安《テアン》の火力発電所で、二十四歳の若さで悲惨な死を遂げた故キム・ヨンギュンさんとその母キム・ミスクさんに関する記事を探して読んだ。キム・ヨンギュンさんだけではなく、簡単な検索だけでも、働いていて事故で死んだ「他人の家」の子どもたちの話がたくさんあった。労働災害で死亡する人が毎年二千人を超えるという信じられない数値も読んだ。安全装置の費用より人間の命の値段が安い国で、他人の家の子どもたちはそうやって死んでいくのだった。

偶然、人権委員からキム・ヨンギュンさんの事件現場を訪問した際の話を聞いたことがある。人権委員たちを案内するために韓国西部発電の幹部たちが現場に出ていたが、彼らも発電所の内部を見るのは初めてだと言ったという。彼らは案内が行き届いていなくても理解してほしいという意味でそう言ったのだろうが、私にとってその言葉は思わず漏れた告白のように聞こえた。会社なら当然責任を取るべき職場環境や安全に対し、実際は関心がなかったという告白。キム・ヨンギュンさんは本社の幹部たちも来たことのない「現場」で夜通し一人で働き、命を落とした。

キム・ヨンギュンさんの母キム・ミスクさんは広場に立った。働いていて死ぬことは二度とあってはならないと訴えながら、風の吹く広場に立っていた。他人の子の死であっても防ぎたいというキム・ミスクさんの黒い瞳が遠くを見つめていた。彼女が過ごしただろう眠れない夜のように深く黒かった。彼女のどうしようもないその思いは、本当にどうすることもできなかったのだろうか。危険な場所で労働する青春と、それを見守るしかない数多くのキム・ミスクさんの苦痛が、人権で飯を食っている私にとっても、依然として他人の苦しみであり、憐憫のひとかけらでしかなかったことを恥ずかしく思う夜だった。ある時事週刊誌の表紙に掲載された彼女の写真を見つけて、机の棚の上に立ててみた。あえてその瞳を毎日見つめようとして。そのどうしようもない心を思い浮かべてみようと。そうやって覚えておこうと。

二〇一六年に特性化高等学校（特定分野の人材を育てるために作られた高校で、マイスター高校とも呼ばれる。既存の実業系高校の代案モデルであり、アニメ、料理、映像制作、技術などを学ぶ）を卒業したあと、ホームドアの整備会社に入社したキム君が九宜《クイ》駅の作業中に死亡した。詩人のシム・ボソンはキム君を哀悼し、その悲しみをこう詠った。「誰か、どうか大声で『あれ！』

と叫んでください。私たちが地獄の門を粉々にして、少年をギュッと抱きしめられるように」[14]。声高に訴える人より、私のように憐れむ人の方が多かったのだろうか。現実は変わらず、現場実習をしていた子どもたちが、機械に挟まり、工事現場で墜落して、職場内のいじめに遭い、潜水中に溺死して、悲痛な死が続いた。

二〇二二年一月二十七日、「キム・ヨンギュン法」と呼ばれる重大災害処罰などに関する法律が施行された。故意または重大な過失により労働者の死亡など重大な労働災害が発生した際、個人事業主または経営責任者を処罰するように法は規定している。しかし、事故があった会社の実質的な経営責任者を処罰できるかどうかは不透明だ。会社側が労働者の安全のための企業の義務違反と重大災害との因果関係をごまかそうとすれば法廷での長い攻防につながるという心配が多い。しかも労働者が五人未満の事業所は、この法律の核心条項である重大労働災害に関する規定が適用されない。全体の労働人口中、五人に一人が五人未満の事業所で働いており[15]、二〇二一年に労働災害で死亡した労働者の三十八・四%が五人未満の事業所にいた[16]ことを思うと、法の盲点があまりにも大きい。息子のチキン屋でのバイトを止めようとした理由は、子どもが大変そうでかわいそうだったからでもあるが、労働災害の数値で明らかになった小規模事業所の労働の現実を知っているからだ。

今はもうほとんど見なくなったが、タクシーやバスのバックミラーに「今日も無事に」という文言が書かれ、幼い少女が跪いて祈る写真がぶら下がっていたりした。毎朝、疲れた体を起こして職場に向かう足取りにはこういう心が込められている。「一生懸命働いて、きちんと帰ってきます」。無事に一日を終えて家に帰る日常、素朴な夕飯を食べ、テレビを見て眠る一日。この平凡で小さな願いを、国家はどうして守れないのか。私たちは相変わらず出勤する人々の後ろ姿を見て、安全と無事な帰還を祈らなければならない社会に住んでいる。憐れんだり、恥ずかしく思ったりするには、現実はあまりにも残酷だ。

いつだったか地下鉄の駅舎の手すりに危なっかしくぶら下がりながら掃除をする労働者の写真がSNSを通して拡散され、ソウル市が見直しを約束した事件があった。[*17]「誰か、どうか大声で『あれ!』と叫んでください」という詩人の言葉の通り、声を上げ、抱きしめる瞬間に、小さな変化が起きた。「その溶けた鉄を使わない」[*18]と覚醒し、憐憫と羞恥心から抜け出し、一緒に叫び、抱きしめる力だけが希望ではないだろうか。

＊14　シム・ボソン『茶色い鞄があった駅』二〇一六。
＊15　「五人未満事業所、女性・非正規職・低賃金労働者の割合高い」『アウトソーシングタイム』二〇二二年五月十二日。
＊16　雇用労働部報道資料「二一年産業災害死亡事故現況発表」二〇二二年三月十五日。
＊17　「仁村駅の清掃労働者論争…パク・ウォンスン『コレール所属、再発防止措置』」『告発ニュース』二〇一三年六月四日。
＊18　ゼペット『その鉄を使うな』水曜書斎、二〇一六。「ゼペット」という名を使うネットユーザーは人々から「コメント詩人」と呼ばれる。二〇一〇年、ある鉄鋼会社で働いていた二十代の青年が作業中に溶鉱炉に落ちて死亡した記事に対するコメントの追悼詩「その鉄を使うな」が話題となった。彼の詩を読んで多くの人々が共感を表し、こうした無念な犠牲が繰り返されないよう、社会的な覚醒が必要だと口をそろえた。

夕日にも事情があるでしょう

天気予報をしてくれる気象庁のように、「心庁」があって日々心の予報をしてくれたらいいのにと思ったことがあった。

「朝の出勤時、久しぶりに心が木蓮の花のように明るくなるでしょう。午後になると花影が濃くなり、多少寂しくなることが予想されますので、朝の時間の明るさを十分にお楽しみください。夕方以降は、季節症候群としてうつモードが近づく見通しです。事前に傘、ではなく、好きなケーキを一切れとミルクティーを一杯用意しておくといいと思います。以上、心庁からお届けしました」

このような心予報を聞いてあらかじめ心の天気に備えられたら、醜い心のざわめきが少しは減るのではないだろうか。

他人の感情はおろか、自分の心すら読めない日が多い。朝になると無意識に目覚めて出勤し、夕方になると何も考えずご飯を食べ、猫のようにうずくまって心の動きを無視する。

繰り返される日々の中で、持ち主をなくした心は、自分一人で一生懸命感情の糸巻きを作るようだ。感情というものは、持ち主が薄情ならそのまま振り返らずに去って行けばいいのに、未練がましく体のどこかにうずくまっていて、小さな動きにも揺れ、歪む。椿の花びらのように赤く柔らかかった心が、すぐにカラタチの木の棘のように尖ってしまう。だから心予報のようなものがあれば、朝に一度、夕方に一度、私の心の天気がどのように変わるのかを見て、撫でてなだめたり、怒ってあげたり、憎たらしい絡まりを予防したりしたい。そして心の片隅に積んでおいたピンクの糸巻きをいくつかすくい上げ、杏子の花のようにかわいい服を一つ編んで着てみたい。

　杏子の花のようにかわいい服を編みたい日には、編針を探す代わりに、スニーカーの紐をきつく縛った。春と秋には事務所から近い南《ナム》山に、夏の夕方には仁王《イヌアン》山に登った。「退勤して山に行こう」と声をかけると、暑い、寒い、疲れる、こういう無粋なことを言わずに付き合ってくれる優しい同僚たちがいるからこそ可能なことだ。事務所の壁掛け時計が午後六時を指すと、すぐに動きやすい服に着替えて、水をいっぱい入れたタンブラーを持って事務所を抜け出した。ヨガパンツとスニーカー姿で平日の夕方の都心を闊歩しているだけでも自由人になった気がした。

　アスファルトの道路を抜け出すと気温はたちまち数度くらい落ち、探訪路の内側の森に入るとすぐに火照った頬と額に触れる涼しい風の感触は、一瞬にして違う世界にやってきたような気分にしてくれる。緑の苔に覆われた古い木の森、名も知らぬ虫と隠れて歌う鳥たち、急な坂道の最後に登場する黄色い電気を灯したソウル城郭路、小人の国のように小さくなった山の下に広がるソウル。青白い空が少しずつ赤く染まっていく光景の前で、まるでアリスようにアスファルトに空いた変な穴に引きずり込まれ、見慣れない世界にやってきたのではないかと思うようになる。そういう魔法でなければ、一時間前まで調査報告書の山に埋もれていた自分という存在がこんなにかけ離れたところにいると思わないだろう。固まっていた体と心がこんなに簡単に軽くなるはずがないだろう。

頂上に到着した頃、空はよく熟した柿の色に変わり、その光に照らされた同僚たちの顔はものすごく美しかった。二十年前に初めて出会ったときのように若く、はつらつと見えた。私たちが一番輝いていた頃をお互いよく覚えている。地元の友人たちはいつも気になっている様子だった。あなたはどうして勤務先の同僚たちと帰宅後にも会い、週末にも会い、山に行き、旅行にも行くのかと。私も不思議だった。二十年間で私たちが一緒に食べたご飯はどれくらいだろう。ご飯を食べる間柄を家族と定義するのなら、同僚たちは明らかに私の家族だ。

かなり前に、フィリピンの人権委を訪問したことがあった。フィリピンは韓国より十五年以上前に憲法機関として人権委を設立したため、訪問当時も経歴の長い白髪のベテラン調査官が多かった。人権侵害事件捜査中に調査官が拉致され、失踪する事件が発生するほど、劣悪な人権状況にもかかわらず、長い間、堂々と自分の仕事をしてきた彼らの姿に深い感銘を受けた。三十代初めだったあの頃、二十年という歳月は私にはあまりにも漠然としており、遠い遠い未来のことでしかなかった。その頃の自分に言ってあげたかった。そんなに一生懸命に駆けていく必要はないと。

柿のように熟していた空がいつの間にか灰色に変わり、都市は明かりが灯り、再び呼吸し始めた。息がつまるくらいびっしり密集した家やビルが昼間の刺々しさを捨てて緩む瞬間、光できらめく都心が温和に見えるのは、私の体と心も少し緩くなったからかもしれない。二十四時間労働で電気が点いている都市が緩いはずがない。寝る前に注文すれば明け方には届く宅配便をラクだと思いながらも、心の片隅が落ち着かないのは私だけではないだろう。キンセンカが咲いたように華やかにきらめく都市の光は、他でもなく熾烈に生きる人々が噴き出す疲れなのだということに考えが及ぶと、美しい風景を美しいまま見ることは難しい。

人権委のある乙支路《ウルジ》一帯はもちろん、明洞、鍾路、仁寺洞《インサドン》は夜道が暗くなるほど、空店舗が増えてきた。大学時代からよく行っていた仁寺洞の餃子屋は、お店の窓に「賃貸」という大きな垂れ幕がかけられていた。一家の生計を支え、希望でもあっただろう小さなお店には、オーナーをなくした看板だけが静かに残されていた。見栄えの悪い看板は都市の憎き敵だと思っていた。看板がなければ都市はずっと洗練され、文化的に見えるだろうと。

いまになって、看板たちを再び眺めてみる。持ち主が去った空間に残された看板が寂しく見える。子どもの名前を決めるように慎重に屋号を決め、朝には窓ガラスを拭きながらお客を待っていただろうそのお店のオーナーたちは、みんなどこに行ったのだろう。山の風に緩んだ心がまたすぐ重くなった。

いつの間にか重くるしくなった雰囲気を変えようと、前職は物理教師だった同僚Kが質問をした（彼は時々、私たちに科学を教えてくれる）。「夕日はなぜ赤いでしょう」。彼を失望させないために、私たちは熱心に答える。「帰宅する途中で一杯ひっかけたんじゃない？」「昼間、恥ずかしい人たちに会いすぎたんだよ」。冗談のような答えが続く間、私たちの心を最も惹きつけた答えは「夕日にも夕日なりの事情があるんでしょう」だった。自然現象なら物理法則通りに流れるだろうが、人と人の間の事情は、法則通りには動かないのである。背反する主張や、常識から外れたふるまい、冗談のようなそれぞれの言い分でいっぱいの書類の塊を受け取るたび、「みんな事情があるんだろう」と言い聞かせて、なんとか仕事を始めようと気を強く持った。みんなそれぞれの事情があるから、訴えているのだと。光輝く都心を見下ろしながら、誰の得にもならない冗談を言い合う間、労働できつく縛られていた体と心がずっと軽くなった。風に乗って仁王山を下りられそうだった。

今日も同僚Bに話しかけてみる。「仕事が終わったら山にでも行く？」

踊れてこそ人権だ

アフリカのセネガルには「エコール・デ・サブール（Ecole des Sables）」という世界的な舞踊学校がある。この学校のプログラムの中には絶対に声を出したり、話をしたりしてはならず、ダンスを踊るときも音楽を流さない無言の授業があるという。沈黙を貫き通し、一週間踊りを踊っていると、耳からふと神秘的な楽器の音が少しずつ聞こえてくるという。この楽器のリズムは時間が過ぎるにつれてずっと鮮明になり、無言の時間であることを忘れ、音楽にのめり込む神秘的な経験をするそうだ。踊り手の指導者はこの神秘的な現象についてこう説明する。

「私たちみんなの心に楽器があって、その楽器が奏でる曲が常に心に流れています。私たちが普段その音に気づかないのは、他の音が大きいからです。耳を傾ければ、誰でも心の楽器の音を聞くことができます」。ダンスの先生から聞いたこの話は、ダンスと同じくらい魅惑的だ。

私たちがアフリカンダンス[19]を学ぶ毎週火曜日の夜には、「体汗休《モムタムヒュ》」（人権委職員たちの運動できるスペースの名前だ）の中はアフリカ音楽のビートでいっぱいで部屋が破裂しそうだった。私たちのダンスの先生であるダニエルは、アフリカのベナンからやってきた世界的なダンサーだ。私たちのような初心者が学べる指導者ではないが、「いいことをしている方たち」の体と心がダンスで健康になってほしい、とダンス同好会の招聘に喜んで応じてくれた。人権業務をしているとの理由で、過分な支持や愛を受けることが多い。

　私たちのダンス同好会の歴史（?）を聞くと、人々は二度驚く。ダンスと調査官という似合わない組み合わせもそうだが、私たちがジャズやサルサからアフリカンダンスまで（コロナによる少しの休止期間の前まで）十年近くダンスを踊っていたことに驚く。それもオリエルビス[20]やダニエル、彼の妻クォン・イ・ウンジョンのような世界的なダンサーを師と仰いでいるなんて！　二回目の驚きは私たちの素敵なダンスを見たあとだ。「あ……あの……まさか……十年以上ダンスを踊ったというのは、ほ、本当ですか？　アハハハ」。いや、どうしてそんなに驚くのか……ともかく私たちのダンスの実力は想像にお任せしたい。

　ドイツ政府が運営する芸術家たちのためのプログラムについて聞いたことがある。芸術家たちはローマにある森に囲まれた大邸宅「ヴィラマッシモ」で一年間宿泊と食事を提供され、条件なしで創作活動ができるという。そういう場所にいれば、世間に認められる芸術家にはなれなくても、誰でもアーティストとしての時間を過ごすことができるだろう。

ある詩人が、ホテルの眺めの良い部屋を一年間使わせてくれたらホテルの広報大使になるという提案をして、非難されたことがあった。その記事を見ながら、詩人はヴィラマッシモに暮らすように五つ星ホテルで一年を過ごしたかったのではないだろうかと考えた。平凡な私にもしそういう機会が与えられたら、何をしながら一年を暮らすだろう。レンガのように分厚い本を山のように積んで読もうか？　いや、文字の世界には近寄らず、散歩して編み物をして、バオバブの木の下でダンスをしながら、月明かりに照らされて歌を歌おう。ああ、ただ想像するだけでも幸せだ。

ある国の人権水準を測る様々な指標がある。米国西部のある都市は川をさかのぼるサケの数を人権の指標にしているという。サケが泳ぐ川がある都市なら、人間も暮らしやすい人権都市に違いない。もし人権指標を開発しなさいと言われたら、宿泊と食事の問題を心配しないでいられる詩人の数と、適当なダンスであっても週に一度以上ダンスをする人々の数をここに含めたい。このような権利を「表現の自由」とか「文化享受権」のような大げさな言葉にせず、「心配せずに踊って、詩を書きながら暮らす権利」と表現したら、人権がどんなに簡単で温かく聞こえるだろう。人権委法の人権の定義も、やはりこのように簡単なものに直したい。

「詩を書くことは人権だ。踊れてこそ人権だ」

人権委法を私の好きなように書き換えることはできないが、代わりに私たちには思いっきり踊る権利がある。「体汗休」をアフリカの草原だと思って踊る理由だ。踊る理由があまりにも大げさだろうか（だからダンスの実力が伸びないのだろうか?）。

＊19 韓国では「アフリカンダンス」と紹介されているため、そのまま表現した。アフリカ大陸には五十五の国があり、数千の民族が暮らしており、民族ごとにダンスの種類も様々だ。「ジャンベダンス」「マンディンゴダンス」など多様な名称があり、打楽器の演奏に合わせて踊る動作は豪快で力強い。原始的であると同時にとても現代的なダンスだ。

＊20 チョン・ヒョヒョン監督のドキュメンタリー『キューバの恋人（Novio cubano, Cuban Boyfriend）』（二〇一〇）の主人公。

愛猫のプリに学んだこと

朝起きて寝室のドアを開けると、我が家の猫「プリ（不異）」（すべての現象はつながっており、別々ではないという意味をこめて「不異」と名付けた）が、私を見て喜ぶ。慌ただしく飛びこんでくるのではなく、ヨガをするかのようにゆっくり姿勢を正し、ランウェイを歩くモデルのように一歩一歩優雅に近づいてくる。プリが座っていた場所は他に比べて温かい。体温で床を温めるほど、その場で長く待っていたようだ。

私はプリのように優雅になりきれず、せわしなくその柔らかい塊をギュッと抱きしめて、顔を近づけて朝のあいさつをする。プリは「ニャー」と答え、体の力を抜く。それから柔らかくなった体を完全に私に預ける。冷たく濡れた鼻先を私の鼻先に近づけて匂いをかぎ、舌で顔をなめる。プリの舌は先端はマシュマロのように柔らかいが、奥の方がざらざらしている。尻尾を左右にゆっくり揺らし、灰色がかった緑の大きな目で私を凝視しながら、心臓からゴロゴロと音を鳴らし自分の気分を伝えてくれる。

どの瞬間も五感を使って生きる猫という存在のお陰で、感覚の楽しみを学ぶ。触覚が存在の関係性に与える特別さについて考えるようになる。愛する人の匂いを嗅ぎ、温かさ、柔らかさ、ふわふわ具合、しっとりしている、といった感覚を交換する行為はどれほど豊かなことか。

プリは二〇二一年の春にこの世を去った。灰色がかった緑の瞳、餅のようにふっくらした口元、キャラメル色の柔らかい毛を持ったアビシニアンの八歳のプリが亡くなる明け方、私たち家族は、うめき声をあげるプリの隣に座って床に涙をぽとぽと落とした。プリが深刻な病気にかかったのは、きちんと面倒を見られなかった自分のせいに思えた。毛並みは相変わらず柔らかく、目もガラス玉のようにキラキラしていたが、この子をまた抱きしめることも、撫でることも、一緒に寝ることもできなくなるなんて信じられなかった。プリは三十分くらい深い息を吐き出し、ときに「ニャーニャー」とうめき声をあげ、急に息子のように足を伸ばして鳴いた。抱っこして、助けてと鳴いていた。「プリ、大丈夫、大丈夫だよ。もう痛くないから、ごめんね」。できることといえば、せいぜいそう言うくらいだった。プリはまるで理解したかのように、再び呼吸を整え、三回深い息を吸って吐き、この世に永遠の別れを告げた。

真っ暗だったベランダの外に明るい太陽が昇り始めた。死ぬのにいい季節などあるはずがないが、それでも春、夏、秋、そして冬の中で、木に水が行き渡り、山にはツツジや梅が咲く三月はよさそうだった。ベランダの下、木蓮の木の花がちょうど咲きそうだった頃、木蓮の花のような私たちのプリがその生を終えた。咲いて散って、腐って、また芽を出すように、始まりがあれば、終わりがある。このすべてのことが自然の一つの過程だと知ってはいたが、私が愛する存在に関することになると、それは一つも自然ではなく、当然でもない。

温かいおしぼりでプリの体についた汚物を拭いてあげたとき、体はまだ温かく、目もキラキラしていて、今にも「ニャー」と鳴きながら、立ち上がりそうだった。わずか一か月の間に、体から骨を維持できるくらいの肉だけを残して、すべて消えてしまった。顔を触ると、首回りが瓶の口くらいに細くなったように感じられた。私たち家族は静かに涙を流した。この世に生まれて、何の罪をも犯さず、ただただ愛してくれて、静かに自然に戻る存在よ。その高貴な存在からたっぷり愛され、愛についてまた学んだ。一緒に暮らす間、たった一日の例外もなく玄関まで走ってきて、最近恋に落ちた恋人のように抱きしめてくれて、舐めてくれて、ガランガランと歌を歌ってくれたプリ。カラムシの布団を半分に切って、あの子を包んで結わえた。前もって用意しておいた箱が少し小さくて体を丸めた姿勢になった。あまり感情を表さない息子が、プリを箱に入れながら、わんわんと声を出して泣いた。

PM2・5の注意報が出ていたが、日差しと風が優しい朝だった。森の腐葉土は適度に湿っており、ふっくらしていた。お墓は丸く盛らず、平らに埋めてから、その上に落ち葉をたっぷり載せておいた。朝の陽ざしが祈りを捧げる私たちの背中の後ろに落ち、プリが埋められた場所に長く影を作った。日差しが一日中射す暖かいところだということがわかった。友人のアドバイス通り、知人の土地に埋めて、自然に帰してよかったと思った。一生を家の中で過ごした私たちのプリが、欲も妬みも僻みもない、この世の罪なき存在たちが主役になれる、生命のエネルギーに満ちた森に帰ったと思うと、少しは慰めになった。プリはそこでも、いつものようにあの好奇心いっぱいの灰緑色の目を輝かせているだろう。

プリと暮らしながら、猫について学んだことよりも、人間について気づいたことの方がずっと多かった。人間だけが思考し考え、遊戯する唯一無二の存在だと限定するのがどれほど無知で傲慢なことか、人間ではない動物と家族として暮らしてようやく知るようになった。プリと暮らす前までは、子犬のように玄関に走って迎えに来てくれる猫がいることを信じられなかった。走ってくるだけではなく、玄関のドアロックの暗証番号を押すスピードによって父親、母親、兄を区別する能力を見せてくれた。休みたいときはいつどこでもごろんと横になり休み、時々体を食パンのように丸めて静かに何かを凝視するプリを見るたび、心が楽になった。休むべきときに休み、止まるべきときに止まる能力、それは現代の多くの人々がずっと昔になくしてしまった能力だった。

家の外では言うまでもなく、家の中でも絶えずせかせかしていないと怠けているようで罪悪感に陥る私に、プリは教えてくれた。回し車の外に出て、少し休んでも大丈夫だと。絶対的な肯定や信頼というものが可能なのかと疑っていた私に、身をもって表現してくれたのもプリだった。人権運動家ホン・ウンジョンは猫を愛してから「いい人」ではなく「いい動物」になりたくなったと告白したが、[*21] 私もまたプリと暮らしながら、人間ではない動物の苦痛をやっと知るようになった。

とある時代劇ドラマの制作現場で、馬が死ぬ事故が発生した。落馬の場面を撮るために、馬の足に縄をかけて無理やり転ばそうとして、馬の首が折れ、死に至ったと報道された。青瓦台の国民請願掲示板にはドラマ放送中止の請願が掲載されるほど、動物虐待を非難する世論が高まった。馬が倒れる瞬間がニュースで流れて、目を背けてしまった。交通事故の撮影のために、車を強制的に横転させるのと少しも違わない場面だった。馬は生きている命ではないか。関連記事を探してみて、時代劇の撮影に登場する馬の大半が、競走用に育てられたが、年老いたり病気になったりして安値で売られてきた動物たちだということを知って、もっとつらくなった。人間の楽しみのために走り続けたのに、結局は古くなった車のように廃車にされる命だなんて。多くの人々が質問を投げかけていた。人間だという理由だけで、他の動物をそういう風に扱う権利があるのだろうか。

とある番組ではなつかしい冬のイベントとして魚「祭り」を紹介した。画面では長靴を履いた数百人の人々がビニールプールの中で「楽しそうに」素手で魚を捕まえていた。「魚と遊び、即席で味見もできる楽しいイベント」というリポーターの説明に従って、カメラはすぐ隣の簡易食堂で刺身になるか、練炭の火の上で焼かれる魚たちを映した。その合間に、生きたまま道に捨てられ、えらを苦しく動かす魚たちが見えた。新型コロナでしばらく中断されていたこのイベントは冬場に最も人気のある地域祭りの一つだった。「祭り用」に「使用」される魚たちはイベントを盛り上げるために、数日間空腹にさせてからプールに入れるという。どうせ人に食べられる動物だからといって、適当に殺して、楽しむために苦痛を与えてもいいのだろうか。

動物嫌いによる犯罪事件は数えきれないほど多い。ゴムで口の周りを縛られる虐待を受けていた犬が街をさまよっていたというニュース、八つ当たりで火に焼かれた数十匹の猫たち、体に穴が空けられ、胆のうにホースがつながれて胆汁を搾り取られていた母熊が子熊を連れて脱走したというニュース……メディアを通して知られるいくつかの事例は、まだ私たちが公憤を覚え、犯罪者を断罪することを促せるから幸いだといえる。しかし、歴史学者ユヴァル・ノア・ハラリの言葉のように、いつか人類史上最も残酷だったホロコーストとして記憶されるだろう工場式畜産の問題は、私たちが直接見ていないから沈黙できてしまう。防疫を理由に施行される数千万、数億頭の家畜の殺処分もまた、人間のためだからとそっぽを向いていいのだろうか。命あるすべてのものは、どんな状況においても生存のためにもがく。家畜の殺処分防疫業務をしていた労働者たちは深刻なトラウマを訴えているが、他に代案を探そうとしているという話は聞かない。伝染病の拡散を防ぐのは殺処分ではなく、工場式畜産を中止することだという声は無視され、私たちは沈黙する。それがいままで通り、安値で肉を食べる最も効果的な方法だと知っているからだ。

「すべての人間は、生まれながらにして自由であり、かつ、尊厳と権利とについて平等である」。世界人権宣言第一条のこの文章が人類の約束になる前までは、すべての人間が等しく尊厳ある存在というわけではなかった。尊厳は闘って勝ち取ったものであり、自然に生まれたものではない。まるで空からドンと尊厳が落ちてきて、人間の骨に埋められたかのように、私たちが互いを尊い存在だと信じようと約束したから、みんなが尊い存在であり得るのだ。私たちは人類のこの約束を守るために、貴族だけ、白人だけ、男性だけ、非障害者だけ、異性愛者だけが入ることができた尊厳の枠を徐々に広げてきた歴史を知っている。この歴史のページごとに、筆舌に尽くしがたい殺戮と戦争が、排除と差別が居座っており、この約束を守るための闘争は現在進行形だ。

私は考えてみる。その尊厳のための闘争が、これからは人間ではない動物の領域にも拡張される時代ではないか。二十年近く人権で食べてきたが、動物の苦痛については考えが及ばなかった。全身全霊で私を愛してくれる動物によってやっと気づけた。ドイツの哲学者ペーター・ビエリ(パスカル・メルシエ)が『人間の尊厳のありかた』で言ったように、尊厳とは与えられるものではなく、他人が私にどう接するか、私は他人にどう接するか、私は私にどう接するかという問題なら、[*22]それは必ずしも人間と人間のあいだの関係作りに限定されず、人間と他の動物、自然との関係作りに拡張されるのではないか。いい人間を超えて、いい動物になるというのは、もしかしたら私たちが生を最も尊厳をもって生きる方法ではないか。

昼頃、人権委の隣の小さな公園に鳩にエサをやっている女性が現れる。鳩たちは横断歩道の向こうに女性が立ったときから、ググググと音をさせて公園の前に集まってきた。平和の象徴から顔をしかめさせる存在となった鳩たち。私は何の感情も持たず、鳥たちの前を通り過ぎたが、ある日、熱いアスファルトの上のあの赤い足を見てしまった。爪がはがれ、傷だらけになった鳩の赤い足は、車のタイヤも溶かしそうなくらい熱せられたアスファルトの上で車と人の波を避け、エサを探していたが、休憩所を求めて飛び立った。私たちがそうであるように、生きているすべての存在は全身全霊で生きていく。鳩の赤い足を凝視しながら考えた。私たちは他の動物と姉妹にはなれない存在なのだろうか？

＊21　ホン・ウンジョン、前掲書。
＊22　ペーター・ビエリ『人間の尊厳のありかた』ム・ジャンシム訳、銀杏の木《ウネンナム》、二〇一四、一三頁。

訳者あとがき

本書を理解するうえで、まず知っておきたいことは、「国家人権委員会」（以下、人権委）の存在だ。著者は人権委で長期にわたり、調査官として働いた。人権委は、韓国社会において人権を守る役割を担っている。国家人権委員会法によって設立され、その目的は「すべての個人が有する不可侵の基本的人権を保護し、その水準を向上させ、人間としての尊厳と価値を実現し、民主的な基本秩序の確立に役に立つこと」（第一条）としている。二〇〇一年に設立され、捜査や裁判などにおける人権侵害や軍での人権侵害などを調査し、解決の指針を提示し、勧告を出してきた。ただ、その勧告には強制力がない。しかし、差別や人権侵害を、「差別だ」「人権侵害だ」と、国家機関が明確に示すことで、社会全体への警告になり、被害者の気持ちに寄り添う結果を生む。

もう一つ知っておきたいことは韓国の現代史だ。一九四五年に日本から独立した韓国は、一九四八年に南北それぞれ別の政府が成立し、一九五〇年から一九五三年までの朝鮮戦争を経て、南北は休戦状態に入り、その後、葛藤が続いてきた。一九六一年に韓国では朴正煕によるクーデターで軍事政権が発足、一九七九年に朴が暗殺されたが、今度は全斗煥が軍隊を動員し、政権を握ることになる。一九八七年の民主化宣言により、大統領を直接選ぶ時代がやってきた。そして、ここから軍事政権が行った人権侵害（ときにそれは人の命を奪うものであった）がより明確になっていくのである。それらを今となって裁くことはできないかもしれないが、誰かが実態を調査し、被害者の「悔しさ」を癒す必要があった。それは、社会統合の上でも非常に重要なものだと考えられる。人権委は、まさに人権を踏みにじられた人々の、気持ちに寄り添った機関と言っても過言ではない。もちろん、そこでもはっきりさせられない事件はあるが。

韓国現代史における組織的で悪質な人権被害といえば、たとえば「仙甘学園事件」だ。二〇二四年、京畿道は、仙甘学園で人権侵害により犠牲となった人々の遺骨発掘作業を行うと発表した。一九四二年に朝鮮総督府が設置した仙甘学園は、一九四六年から京畿道が管理することになり、一九八二年まで四十年間存続した。表向きは親と離れて暮らす子どもたちを育てる児童養護施設だったが、裏では、迷子になった子どもを無理に連れさり、監禁し、国家予算を搾取した。子どもたちは暴力にさらされ、なかには性的な暴力を受けた子もいた。暴行や飢えによる死亡、脱走時に溺死するなどして亡くなった子どもも多い。一九八二年に閉鎖され、四十二年も経ってやっと京畿道が重い腰を上げたのは、人権委からの勧告があったからだ。仙甘学園には五千七百人余りが収容されており、現在、被害を訴えている人は二百三十九人だ。

似ている事件は釜山でも起きていた。仙甘学園が子どもたちの収容施設だったのに対し、釜山の兄弟福祉院には、子どもから大人までが「浮浪者」のレッテルを張られ、収容されていた。彼らには強制労働が課せられ、給料は与えられず、外に出ることは許されなかった。人権委は、実態調査を行い、暴行、監禁、脅迫、強制労働、虐待など深刻な人権侵害が行われた事件とし、国家に責任があり、特別法を制定するよう勧告した。だが、まだ特別法は制定されておらず、被害者の裁判は続いている。特別法が制定されないことに対し、人権委の存在意義を問う人もいるが、人権委がなかったら、兄弟福祉院の事件はこれほど知られることもなく、それが犯罪だったことも明らかにされなかっただろう。その意味で人権委は韓国の現代史における過誤を正す役割をしており、権力者にきちんと警鐘を鳴らしている。やっと勝ち取った民主主義をこれからも貫いていくために必要な機関である。人権委で働く調査官の生の声が収録された本書は、ぜひとも日本の読者にも手に取ってほしい一冊だ。

人権委には毎日「悔しい」思いをした人たちが足を運ぶ。だがみんながみんな真実を述べるわけではない。新米調査官の著者は騙されたりしながらも、自身の役割を忘れない。「悔しい思いをした人が、どんな悔しい思いをしたかを知ることが、被害者を減らすきっかけになる」（『KBSニュース』のインタビュー　二〇二二年七月十八日）と述べた。

ハンギョレ新聞は「事件について検事や弁護士などが本を書くこともあるが、人権委の調査官が書くのは珍しい」とし、本書は「調査官という労働者の立場から書かれており、人権委調査官でさえ人権や労働権を侵害される現場の話が書かれている」と載せた。

京郷新聞は、「救済されないつらさ、その悔しさの向こうにある物語」とのタイトルで、「本書には人権委の調査結果報告書には表れない人々の物語が描かれており、多くの事情を持つ様々な人々の生々しい姿が描かれている」と紹介した（二〇二二年七月十五日）。

著者は「私たちが信じて頼っている法律と制度は、私たちが期待するよりもずっと無力な場合が多い」とし、だからこそ「法律と制度を上手く作ることと同じくらい、誰がどんな気持ちでそれを遂行するかが重要」であり、人権を大切に思う心こそが、「法律の網で救済できなかったつらさや悔しさの拠り所になれるだろう」と本書で述べている。

誰にとっても生きるのは楽ではない。つらい思いをしたとき、すぐに叩けるドアがあり、一人でも自分の味方になってくれたらどんなにいいだろうと一度は思うだろう。人権委は今の韓国社会にとってまさにそのどこにでもあってほしいドアなのである。

金みんじょん

チェ・ウンスク

2002年から国家人権委員会の調査官として働く。調査官として出会った人々の声を届けたい思いで本書を執筆した。大学では社会学を専攻し、「悔しいことは何でも聞いてくれる」YMCA市民中継室では市民運動家として、不利益を被ることになった市民の権利を取り戻すために働いた。本書は韓国ポータルサイトDAUMのデジタルコンテンツ・パブリッシング・プラットフォーム「ブランチストーリー」に連載され、第9回ブランチブック出版プロジェクトで大賞を受賞し、出版された。不当な扱いを受け、悔しい思いをした人に寄り添いたい一心で、日々陳情人に向き合っている。

金みんじょん

KBSラジオ通信員として、またフリーライターとして日韓のことを相互に発信している。慶應義塾大学総合政策学部卒業。東京外国語大学大学院総合国際学研究科博士課程単位取得退学。韓国語の著書に、『母の東京――a little about my mother』『トッポッキごときで』、共著に、『小説東京』『SF金承玉』、韓国語への訳書に、『那覇の市場で古本屋』(宇田智子著)、『渋谷のすみっこでベジ食堂』(小田晶房著)、『太陽と乙女』(森見登美彦著)、『縁を結うひと』『あいまい生活』『海を抱いて月に眠る』(以上3冊、深沢潮著)など、日本語への訳書に、『私は男でフェミニストです』(チェ・スンボム著)、『ダーリンはネトウヨ』(クー・ジャイン著)、『終わりの始まり』『誰もが別れる一日』(共訳・宮里綾羽)(以上2冊、ソ・ユミ著)などがある。

「ふつう」の私たちが、誰かの人権を奪うとき

声なき声に耳を傾ける30の物語

発行日　2024年11月27日　初版第1刷

著　者　チェ・ウンスク
訳　者　金みんじょん

発行者　下中順平
発行所　株式会社平凡社
〒101-0051 東京都千代田区神田神保町3-29
電話（03）3230-6573［営業］
ホームページ https://www.heibonsha.co.jp/

装　幀　川名潤

印　刷　株式会社東京印書館
製　本　大口製本印刷株式会社

ISBN978-4-582-82725-5
落丁・乱丁本のお取り替えは小社読者サービス係まで
直接お送りください（送料は小社で負担いたします）。

【お問い合わせ】
本書の内容に関するお問い合わせは
弊社お問い合わせフォームをご利用ください。
https://www.heibonsha.co.jp/contact/